效率
經濟學
讓你不窮忙

理性選擇✕效率薪資✕商業賽局，
勇於創新搶先機，先占優勢創業績

「買二送一」為什麼總是讓你無法抗拒？
「囚徒困境」面對這種情形該如何抉擇？
「離別情更濃」其實就是邊際效用遞減？

胡
松
華

著

融合中西智慧，30條經濟學法則
案例豐富，邏輯簡明，讓你從此愛上經濟學！

崧燁文化

目錄

效率法則之一　理性選擇⋯⋯⋯⋯⋯⋯⋯⋯⋯⋯⋯⋯⋯ 5

效率法則之二　規則資本⋯⋯⋯⋯⋯⋯⋯⋯⋯⋯⋯⋯⋯ 11

效率法則之三　柏拉圖改善⋯⋯⋯⋯⋯⋯⋯⋯⋯⋯⋯⋯ 15

效率法則之四　套利交易⋯⋯⋯⋯⋯⋯⋯⋯⋯⋯⋯⋯⋯ 19

效率法則之五　八二法則⋯⋯⋯⋯⋯⋯⋯⋯⋯⋯⋯⋯⋯ 25

效率法則之六　長尾理論⋯⋯⋯⋯⋯⋯⋯⋯⋯⋯⋯⋯⋯ 29

效率法則之七　機會成本⋯⋯⋯⋯⋯⋯⋯⋯⋯⋯⋯⋯⋯ 33

效率法則之八　比較優勢⋯⋯⋯⋯⋯⋯⋯⋯⋯⋯⋯⋯⋯ 39

效率法則之九　供需規律⋯⋯⋯⋯⋯⋯⋯⋯⋯⋯⋯⋯⋯ 45

效率法則之十　貿易互利⋯⋯⋯⋯⋯⋯⋯⋯⋯⋯⋯⋯⋯ 51

效率法則之十一　邊際效用遞減⋯⋯⋯⋯⋯⋯⋯⋯⋯⋯ 55

效率法則之十二　需求彈性⋯⋯⋯⋯⋯⋯⋯⋯⋯⋯⋯⋯ 59

效率法則之十三　沉沒成本無所謂⋯⋯⋯⋯⋯⋯⋯⋯⋯ 65

效率法則之十四　邊際效益遞減⋯⋯⋯⋯⋯⋯⋯⋯⋯⋯ 69

效率法則之十五　經濟附加價值⋯⋯⋯⋯⋯⋯⋯⋯⋯⋯ 75

效率法則之十六　規模經濟⋯⋯⋯⋯⋯⋯⋯⋯⋯⋯⋯⋯ 81

目錄 ───────────────────

效率法則之十七　學習曲線…………………87

效率法則之十八　範圍經濟…………………93

效率法則之十九　現值估算…………………97

效率法則之二十　位置價值…………………103

效率法則之二十一　虧損最小化…………………107

效率法則之二十二　委託─代理…………………111

效率法則之二十三　效率薪資…………………115

效率法則之二十四　股權激勵…………………119

效率法則之二十五　商業賽局…………………123

效率法則之二十六　完整價值鏈…………………129

效率法則之二十七　馬太效應…………………135

效率法則之二十八　先行者優勢…………………139

效率法則之二十九　競爭均衡…………………143

效率法則之三十　看不見的手…………………147

效率法則之一

理性選擇

▶▶ 效率法則之一　理性選擇

　　諾貝爾經濟學獎獲得者保羅·薩繆森（Paul Samuelson）認為，「經濟學是一門選擇的科學」。管理是選擇科學的實踐活動，而科學知識則是理性選擇的基石。以下講述一個關於理性選擇的有趣實例。

　　多年前，美國有一個熱播的電視節目，寬大的舞臺展示了三扇門，節目主持人告訴大家，其中一扇門的後面有一輛豪華型的賓士車，值十幾萬美元。現場的遊戲參與者可以從三扇門中選一扇門，如果選中的門後面有名車，這輛名車就獎勵給他；如果沒選中，他就什麼也得不到。有趣的是，當遊戲參與者挑選了其中一扇門，比如第一扇門，主持人不會馬上打開這扇門，而是按照規則，走過去將他事先知道沒有車的另一扇門打開，比如打開第二扇門。然後，主持人問遊戲參與者，「你想不想從你最初選的第一扇門，換為第三扇門呢？」是換，還是不換？哪一種選擇有更高的成功可能性呢？

　　或許不少人會憑直覺回答，換與不換，成功的機率都一樣，都是五成。也有人會說，不換，因為第一感覺往往是正確的。還有人會說，當然選擇不換，如果換錯了，後悔莫及，那是多麼的痛悔不已呀。

　　換與不換的成功機率是不是一樣呢？在這裡需要指出一個錯誤認知。雖然，在二選一的情況下，隨機選擇其中之一

的成功機率是一樣的，即五成。但是在已知存在特定條件的情況下，像以上的例子，「二」裡面的其中之一來源不同。這是一種並非完全隨機的情況。那麼，選擇這兩個其中之一的成功率是有重大差異的。

不換是好的抉擇嗎？雖然不換有一定心理暗示的道理。不過，從科學的角度來說，事件的成功可能性有它的客觀規律，並不與個人的感覺有必然的直接關聯。那麼，到底應不應該換呢？這個似乎簡單的問題，卻具有深刻的科學含義。當時，它引起了美國經濟金融學界、數學和統計學界專家學者的濃厚興趣，並展開了熱烈的討論。結果，研究發現，選擇換的成功可能性要高得多。為什麼呢？

最初選擇時，從三扇門裡面挑出一扇。選任何一扇門而獲得成功的機率都是三分之一。當主持人將另一扇門打開之後，這扇門有車的可能性被完全排除了，原有的三分之一成功機率發生了轉移，並且轉移到了沒選到的最後一扇門上，使最後一扇門有車的機率增加為三分之二，而沒有增加已選那扇門的成功機率。是什麼原因呢？主持人打開另一扇門的行為，並沒有改變參賽者最初選擇的成功可能性，即最初選的那扇門是從三扇門裡隨機挑出來的，仍然只有三分之一的成功機率；而最後一扇門是在淘汰了沒有車的門之後剩下的，因此具有較高的成功機率。

　　許多人對以上這個答案難免產生懷疑，覺得不可思議。其實，如果將這個遊戲加以延伸，就相當容易理解了。假設有 100 扇門，只有一扇門後面有車，最初從這麼多門裡隨機挑選一扇門，毫無疑問，選中有車的門的可能性很小，只有百分之一。儘管有人會有好運氣，剛好選中那扇門。但是，99％的可能性都不會成功。假設遊戲參與者最初選的是第一扇門，主持人走過去把另外沒有車的 98 扇門都打開，最後剩下一扇 × 號門和第一扇門，然後問參賽者，「你想不想從你最初選的一扇門，換為 × 號門呢？」顯而易見，參賽者應當改變選擇，換為 × 號門，因為有99％的可能性，剩下的 × 號門後面有車。

　　經濟學是一門研究資源利用效率的學科。它為企業管理和個人決策提供了實用性的分析工具，科學幫助人們在現實生活中進行明智的比較，從而做出成功率較高的決策，但它並不能保證人們百分之百的成功。儘管如此，人們在理性選擇的實踐過程中，經濟行為會不斷改善，趨向於最佳模式，從而不斷提高經濟效率。經濟效率包括生產效率（production efficiency）和分配效率（allocative efficiency）。產品以最低的單位成本生產出來就是生產效率。消費者能夠在邊際生產成本上購買產品就是分配效率。經濟效率的本質是促進生產者利益和消費者利益的最大化。

　　人的經濟理性在於能夠學習和利用科學知識，減少決策和行為的失誤。經濟學大師凱因斯（John Maynard Keynes）指出，「經濟學家的觀點，不管正確還是錯誤的，比一般人所理解的，更強而有力得多。事實上，這個世界幾乎就是由它來統治。實用的人們，以為他們不受知識分子的影響，往往成為過時經濟思想家的奴隸」。也就是說，經濟邏輯是這樣強而有力，以至於統治了人類世界的思維。

　　理性選擇是人類經濟行為的基本法則。理性選擇不僅反映在追求利益最大化或虧損最小化的決策上，還更多的表現在追求成功機率高的行為上。例如，人們都支持和鼓勵孩子上大學，接受良好的教育，這是一種典型的理性選擇行為。雖然接受大學教育不能保證一個人可以獲得成功，但是成功的機率要遠高於沒有接受大學教育的人。

　　經濟學是一種實用的思維方式。它提供了一種分析問題的經濟邏輯視角，具有行為決策的指導作用。舉例來說，在面對對抗或競爭場景的時候，有人會激動的說，「勝利是不可替代的」。其實，這種觀點恰恰反映了爭強好勝的衝動和過少的經濟理性。

　　從經濟學的角度來看，勝利是要付出代價的，人們應當權衡得失，將需要付出的代價與可能獲得的利益進行比較，如果失大於得，就不必付出沉重的代價去換取勝利。勝利是

可以替代的。什麼是勝利的替代品呢？可以是讓步和撤退。

「忍一時風平浪靜，退一步海闊天空」，就說明了讓步和撤退的重要性。舉例來說，在一個月黑風高的夜晚，你獨自行走在漆黑的小巷裡，一個身強力壯的歹徒拿著一把匕首對你說，「要命？還是要錢？」這時候，除非你是一位武功高強的人，搏鬥所「得」會大於所「失」。否則，作為一個身處險境的普通人，拚命抗爭遠不如選擇退讓，保住性命就是最大的勝利。有這樣一句著名的話，「有一種勝利，叫做撤退；有一種失敗，叫做占領！」它深刻的詮釋了做事必須權衡利弊的基本經濟邏輯。許多經歷過股市大起大落的股民，更會對這句臺詞產生認同和共鳴。

> 經濟決策原理第一條：經濟邏輯要掌握，理性選擇勝算多。

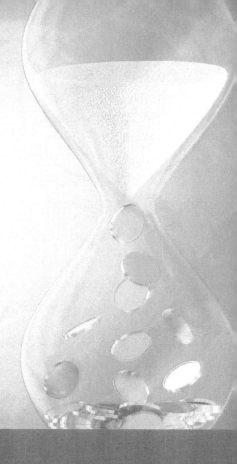

效率法則之二

規則資本

▶▶ 效率法則之二　規則資本

　　17 世紀末，英國陸續將大批的犯人透過海運流放到澳洲。最初，英國政府規定，私營船主按被帶上船的犯人的實際數量獲取運費。由於利欲薰心，私營船主不僅將過多的犯人塞滿船艙，而且肆意剋扣犯人的食物和藥品，造成大量犯人中途死亡。更有甚者，有的船主慘無人道，在離港後將犯人活活的扔進大海。因此，在控制開銷的前提下，降低犯人在運送過程中的死亡率，成為當時英國政府的一道難題。

　　顯然，一種簡單的措施是增加食物，改善醫療條件，但這會提高運輸成本，同時也不能阻止私營船主在航程中動手腳；另一種措施是增派船上政府管理人員來監督船主，但這會加重公共財政負擔，並且難於防範派管人員不受私欲驅使而被船主收買。再一種辦法是禁止私營船主運送犯人，直接由政府船隻運送，這樣做雖然可以保證犯人的安全，但運送的成本卻更加高昂了。

　　經過反覆研判，英國政府終於制定了一個行之有效的新規則。根據新規則，私營船主按到達澳洲時活著下船的犯人數收取運費。這樣一來，為了獲取最大利潤，私營船主想方設法使最多的犯人活著抵達目的地。結果，運往澳洲的犯人存活率大幅上升。在實施新規則之前，死亡率最高時達到94%。在新規則實施後死亡率最低時只有 1%。

　　由此可見，「遊戲規則」至關重要。一個良好的遊戲規

則，可以因勢利導，擇優汰劣，既有利於經營者，也有利於消費者，同時也有利於監管者，從而極大的促進社會福利。一個不合適的遊戲規則，會滋生惡意，助長惡行，損人利己，從而導致劣勝優汰，效率低下，社會秩序遭到破壞。規則是一個社會組織內大多數成員認可和遵守的規範。社會組織可以是一個家庭、一家企業，乃至一個國家。系統的規則形成制度，所以，經濟學裡的「制度資本」（system capital）實際上就是總體層面上的「規則資本」。簡而言之，聚焦於經濟行為的良好規則是一種增值的社會資本，透過社會組織成員的傾向性行動來實現社會組織的共同利益。制度是關於社會活動秩序和利益分配的強制性安排，它建立在產權明晰的基礎之上。良好的規則制度，是企業保持競爭力和持久活力的必要條件，是一個國家保持長期經濟成長的保障。

　　人們的行為模式是由利益分配規則塑造的，有什麼樣的規則，就會產生什麼樣的經濟行為，這就是規則資本法則。

　　前些年，筆者在不同的課堂裡進行了幾十次這樣一種模擬實驗：拍賣一美元硬幣。基本方式是採用英式拍賣，即競價由低到高。學生作為競買者，可以自由出價，目標是以最高價獲取這枚硬幣，支付款作為班費。按照一般的英式拍賣規則，出價最高者支付後獲得拍賣品。不過，模擬實驗對英

式拍賣的規則進行了修改，特別規定：出價第二高者必須支付，但不能得到任何東西。雖然一美元硬幣的價值大約 30 元臺幣，但最終拍賣價格都遠遠的超過了這個市場匯率水準，常常在 300 元左右成交，有幾次甚至達到 1,500 元的高價。為什麼拍賣品會以高於其價值幾倍或幾十倍價格成交？顯然，根本原因是源於遊戲規則的改變。由於出價第二高者必須支付，而又不能得到拍賣品或其他東西，因此，為了避免「白付錢」，競買者會不斷抬高價格，產生了極高的溢價。這從一個側面說明，人們的經濟行為取決於遊戲規則，改變遊戲規則就會改變人們的決策和行為。

有人說，溝通是管理的首要工具。這有些言過其實了。實際上，遊戲規則才是管理最重要的工具，而溝通則是管理的第二重要手段。要經營管理好一個企業，就必須首先制定行之有效的遊戲規則，從而塑造良好的企業文化。

遊戲規則必須與時俱進，正如世界傑出的經理人傑克‧威爾許在他的自傳裡所說的：「在新時代，要改變遊戲規則，迎接經濟全球化的挑戰。」

經濟決策原理第二條：行為要靠規則定，擇優淘劣是關鍵。

效率法則之三

柏拉圖改善

▶▶ 效率法則之三　柏拉圖改善

　　一位老農民有十七頭牛，作為遺產留給三個兒子，遺囑規定：大兒子為家庭出力最多，可得到二分之一；二兒子也為家庭出了不少力，可得到三分之一；三兒子年齡小，可得九分之一。老農去世後，三個兒子為分牛的事情爭吵不休，因為十七頭牛很難按遺囑公平分配，是少給老大半頭牛？還是多給老二或老三少半頭牛？最後，他們請來村長幫忙解決爭端。村長是一位睿智的老人，他深思了一會，為兄弟三人提出了一個絕妙的解決方案，這是一個富有柏拉圖改善思維的方案，三個兄弟終於滿意的按遺囑分了牛。

　　這裡先介紹一下柏拉圖改善（Pareto improvement）這個概念。現有資源配置的一種變化，並不損害任何人的利益，但至少使一個人的狀況得到改善，就是柏拉圖改善。

　　現在回到分牛的故事，那位村長有什麼高明的主意呢？他對兄弟三人說，十七頭牛，確實不好分。這樣，我借給你們一頭牛，這樣你們總共就有十八頭牛。老大得二分之一，就是九頭牛；老二得三分之一，就是六頭牛；老三得九分之一，就是兩頭牛。最後，還剩一頭牛，我拿回去。三兄弟皆大歡喜。在這裡，村長提出的分配方案，既遵循了遺囑的規定，又使三兄弟的狀況都變好了，形成了柏拉圖改善。

　　人們在日常生活中的自由交易，往往可以產生柏拉圖改善。例如，同樣一束玫瑰，對賣花人來說，價值 100 元；而

對買花人來說，它值 150 元。因此，在 100 元以上的任何價格賣出這束花，對賣花人都是有利的；而在 150 元以下的任何價格買到這束花，對買花人都是物超所值的。如果賣花人出價 130 元，買花人同意成交。那麼，他們交易的總收益是50 元，賣花人得利 30 元，買花人得利 20 元，雙方都從交易中得到了好處。相對於沒有這筆交易的狀態，買花人和賣花人的交易產生了柏拉圖改善。

如果無法進行柏拉圖改善，那麼是什麼狀態呢？這個狀態，被稱為柏拉圖最適（Pareto optimality），也就是說，在某種既定的資源配置情況下，任何改變都無法使至少一個人的狀況改善，而又不使任何人的狀況變壞。柏拉圖最適也稱為柏拉圖效率。

柏拉圖改善和柏拉圖最適是 19 世紀末的義大利經濟學家維弗雷多‧柏拉圖（Vilfredo Pareto，西元 1848 ── 1923年）提出來的。這一理論對人類的思維產生了極大影響，至今對於國家經濟政策制定和企業管理仍有重大的參考意義。

基於柏拉圖改善原理的雙軌制有利於改革的順利推進。「老人老辦法、新人新辦法」也是雙軌制的一種類型，這種漸進式改革措施產生柏拉圖改善效果，往往行之有效，因為在不損害任何人利益的情況卜實施這種措施，有利於化解改革的矛盾。

▶▶ 效率法則之三　柏拉圖改善

　　在日常生活中，做於己無損、於人有利的事是柏拉圖改善的行為。同樣，做於人無損、於己有利的事也是柏拉圖改善的行為。而做於己於人都有利的事，更是柏拉圖改善的行為。比如，業餘時間和朋友一起打乒乓球，不僅自己快樂、朋友也快樂，而且鍛鍊了身體，何樂而不為呢？

> **經濟決策原理第三條：無人受損阻力減，有人受益是改進。**

效率法則之四

套利交易

▶▶ 效率法則之四　套利交易

　　近期有一個熱門的話題：一個臺北人，在市區擁有一棟父母留下的唯一自住房，房子價值大約三千萬元，但他僅靠每個月 30,000 多元的薪資維持生活，他是個窮人還是富人？

　　在分析這個問題之前，先講一個小故事。

　　有一天，兩個人在汽車停靠站等公車，等了很久，公車沒來。於是，其中一個人就提議，「讓我們玩一個遊戲吧。」
「好呀，什麼遊戲呢？」
「讓我們相互問一個問題，誰答不出來，誰就給錢。」
「可以，不過，玩多少錢呢？」
「20 美元，可以嗎？」
「那我要先了解一下，你做什麼工作呢？」
「我是科學家，你呢？」
「哦，你是個科學家，我只是個農民。這樣的話，遊戲要公平一些。如果我問你一個問題，你答不出來，你給我 20 美元；如果你問我一個問題，我答不出來，我給你 10 美元，行嗎？」
「好！」科學家自信的回答。
於是，農民就問：「從小山上跑下來一個有七個頭、十一條腿的東西是什麼怪物呢？」科學家想了好一陣，想不出來，就給了農民 20 美元。
現在，輪到科學家問問題了。科學家問：「那個從小山上跑下來有七個頭、十一條腿的是什麼鬼東西呢？」
農民回答道：「我也不知道，給你 10 美元！」農民還給了科學家一半的錢，卻淨賺了 10 美元。

這個故事裡的農民實際上進行了一次套利（arbitrage）活動，他巧妙的創造了兩個市場，一個問題在這兩個市場有不同的價格，他在一個市場以低價買進，在另一個市場以高價賣出，從而獲得了利潤。

　　套利是市場經濟裡最基本和最常見的商業活動。在世界商品市場，每天都有數以百萬計的套利交易，促使世界商品的價格趨向一致。例如：如果東京的銅價高於紐約的銅價，只要價差大於交易費用和運輸成本，商品套利者就會同時在紐約低價買進而在東京高價賣出，賺取兩地差價來獲利。這種大量頻繁的套利交易，使得兩地的銅價趨於相同。

　　合法合規的套利交易是一種促進市場效率的經濟活動。一般而言，自願的交易是互惠互利的。在商品市場上，雖然大多數的套利交易是短期行為，但直接縮小了地區之間的價差，有利於生產經營的推展。不僅如此，套利交易活動提升了低成本資源的價值，使社會資源得到優化配置和高效利用。從本質上說，企業和企業家是以實體經營為基礎的長期套利者。舉例來說，一家美國企業在中國設廠，利用中國相對便宜的勞動力生產產品，然後將產品出口到勞動力成本較高的美國本土，這就是跨國企業的一種套利策略：透過利用兩國的勞動力價差獲利。

　　企業經營的過程就是一個套利的過程，把資源從效率低的地方轉移到效率高的地方實現價值。企業經營的過程要比純粹的商品市場套利過程漫長得多。為使這個套利過程得以順利實現，企業家和企業高階管理者必須擁有敏銳的眼光，挖掘和利用市場價差，將具有高潛在價值的資源，配置到能發揮潛力的地方，利用企業機制來充分實現這些資源的價值。

　　只要存在套利機會，就會有人進行套利交易，這是客觀的市場法則。事實上，人們不僅在商品和生產經營上進行套利交易，也在生活成本方面進行套利活動。例如，近十萬的韓國人長期生活在青島，利用中韓兩地之間收入和物價水準差距進行生活成本套利。其中，最重要的是住房成本套利，因為房價是主要的生活成本，在青島，40 多萬元美元可以買到一套 120 坪的大住房；而在韓國首爾郊區，類似的住房要花費 120 萬元美金。顯然，用三分之一的價錢在青島購房，而省下的 80 萬美元可以在那裡過上神仙般的日子，何樂而不為呢？這就是現代人的套利化生存現象。

　　現在回到本篇開頭的問題，那個臺北人是窮人還是富人？只要了解了以上的知識，答案已十分明確。如果他不懂或不願意套利化生存，他是實實在在的大窮人；如果他勇於進行套利化生存，他是真正意義上的富人。設想一下，他賣掉自有住房，大致可獲得 2,000 多萬元稅後賣房款，搬到另

一個地方，比如，新北的林口或者南方的高雄郊區，用 300 萬元買一間舒適寬敞的住房，剩下的兩千萬元用於購買銀行理財產品，年利率就算只有 4%，單單一年的利息就有 80 萬元，在當地完全可以過上愜意的生活。而且他還擁有 2,000 多萬元臺幣的淨資產（新購房加上理財資金），相當於接近百萬美元的身家，這在美國也算得上個小富人。

經濟決策原理第四條：合規套利搶機遇，要有創意和勇氣。

▶▶ 效率法則之四　套利交易

效率法則之五

八二法則

▶▶ 效率法則之五　八二法則

西元 1897 年，義大利經濟學家維弗雷多·柏拉圖發現：在一個社會裡，20％的人通常擁有 80％的財富。後來，透過進一步的研究，他提出，在世界上的任何事物中，最重要的、起決定性作用的只占其中一小部分，約 20％；其餘占多數的 80％，則是次要的、非決定性的因素。這就是八二法則。從某種意義上來說，「八二法則」不僅闡明了經濟社會中普遍存在的一種現象，而且揭示了物質世界架構的一個大祕密。

我們知道，在空氣中，氮氣占 78％，氧氣占 22％。人體的 78％是水分，22％是其他物質。在一個國家的醫療體系中，20％的人口與 20％的疾病會消耗 80％的醫療資源。人們常常在 20％的時間裡完成 80％的工作量，而在另外 80％的時間裡只做 20％的工作。在餐廳，80％的顧客點食譜中20％的菜。一個企業的 80％營業額來源於 20％的產品或20％的客戶。這類例子不勝枚舉。雖然八二法則並非一個十分精確的統計數字，在許多時候僅僅表示少數與多數的不平衡關係。但是，掌握這種比率關係有助於資源分配效率的提高。有意思的是，猶太生意經裡的基本法則就是「78：22 效應」，正是遵循這一法則，猶太人在全球商海裡乘風破浪，揚帆萬里。

雖然八二法則看起來是一個簡單的效率原理，但是，有

效的利用這個原理卻需要非線性的思考。以藥店的藥品銷售情況為例。大約 20% 的藥品占藥品銷售總量的 80%。這似乎意味著藥店應該精簡進貨範圍，或者應當專注於銷售「暢銷藥」。然而，大部分採取行動去縮小進貨範圍、集中銷售「暢銷藥」的藥店，獲利不僅沒有增加，反而出現了下降。這不是與八二法則相牴觸嗎？

存在這個矛盾不是八二法則本身的內在問題，而是在應用過程中使用了線性思維的錯誤所致。問題的關鍵不在於銷售量的分布，而在於利潤的分布：20% 的藥品或顧客帶來 80% 的利潤。

人們不應當教條的套用八二法則，而應當把握它的真正內涵，並加以靈活運用，選擇在某一方面集中精力，就能以一定的努力產生槓桿般的可觀作用。美國前總統雷根在任時，報紙上時常有關於他早上遲到及其懶於處理政務的抱怨；然而，現在雷根被公認為是美國歷史上最偉大的總統之一。事實上，掌控好大方向而沒有埋頭於日常事務，正是他成為傑出國家管理者的關鍵。他沒有將精力耗費在繁雜的日常事務中，而是放手讓內閣成員去處理，自己則大力推崇供給面學派（supply-side economics）的思想和政策，堅持減稅以刺激投資和供給的原則立場，從而為美國經濟在 1980 年代的持續繁榮奠定了基礎。

對於企業經營和日常工作，八二法則有許多啟發性的經濟意義。

啟示一：掌握自己、高效運作

進行時間革命，注意自己是處在「少數」最佳工作狀態還是「多數」的一般狀態，一般（多數）狀態時應處理一般的事務。

啟示二：抓住關鍵、事半功倍

抓住核心業務、核心員工、核心技術，對提升經營效益、促進企業發展具有槓桿的作用。

啟示三：揚長避短、其利無窮

專注自己的主要技能，盡量把一般事務委託給別人辦理，減少低效益的努力。

經濟決策原理第五條：八二法則抓重點，事半功倍事易成。

效率法則之六

長尾理論

▶▶ 效率法則之六　長尾理論

　　作為美國《連線》雜誌的主編，克里斯·安德森（Chris Anderson）善於挖掘商業數據的祕密。他潛心研究了亞馬遜、FB、Google、Blog、eBay 等網路零售商的銷售數據，並將此與沃爾瑪等傳統零售商的銷售數據進行了仔細對比，觀察到了一種有趣的現象：在以銷售量為縱軸、商品品種為橫軸的平面圖上，熱門商品品種不多但銷量大，反映這些商品需求的銷售曲線從高位往下傾斜；冷門商品品種多但銷量少，這些商品的銷售曲線形似長長的尾巴，如圖 6-1 所示。傳統零售商熱衷於經營暢銷商品，以降低單品銷售成本。而網路零售商由於庫存成本極低和網站維護費用不多，則注重擴大銷售品種和客戶涵蓋面，來增加網站流量、提升經營效益。所以，網路零售商的銷量分布在銷售曲線的尾部。例如，Google 是世界上最大的網路廣告商，它幾乎沒有一個大客戶，收入完全來自被其他廣告商忽略的中小企業，這些數以百萬計的中小企業，代表了一個龐大的長尾廣告市場。

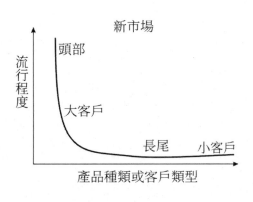

圖 6-1　長尾分布

　　2006 年，克里斯·安德森在《長尾理論》一書中指出：如果分銷成本低，那麼為許許多多的小客戶提供服務，就存在十分龐大的商機。也就是說，當商品儲存和流通的管道足夠寬廣，商品的銷售成本急遽降低時，幾乎所有以前看似需求極低的產品，只要進行銷售，就會有人購買。這些需求不旺和銷量不高的產品，所占據的市場占比，可以和少數熱銷產品或主流產品的市場占比相匹敵，甚至更大。這就是網路時代興起的長尾理論（long tail theory）。

　　正如安德森所說，網路時代是關注「長尾」、發揮「長尾」效益的時代。「長尾實現的是許許多多小市場的總和等於（如果不是大於）一些大市場。」、「長尾講述的是這樣一個故事：以前被認為是邊緣化的、地下的、獨立的產品現在共同占據了一塊市場，足可與最暢銷的熱賣品匹敵。」

▶▶ 效率法則之六　長尾理論

　　近幾年，湧現了大量的聚焦於「長尾」業務的「互聯網＋」企業，無論是由第三方支付平臺打造的提供個人資金增值服務的第三方支付，還是專注於網路送餐的 Uber Eats 或 foodpanda，收入都來自千千萬萬個小客戶。毫無疑問，網際網路技術和人工智慧技術的日新月異，為從事「長尾」業務的企業提供了十分廣闊的發展空間。

經濟決策原理第六條：網路時代成本變，長尾效應市場新。

效率法則之七

機會成本

▶▶ 效率法則之七　機會成本

　　可口可樂公司每年運送幾十億噸的濃縮液，不鏽鋼瓶既耐用又便利，長期以來一直是公司運送濃縮液的第一選擇，很少有人質疑其使用成本。但是，有一位經濟管理顧問專家貝內特·斯圖爾特（Bennett Stewart）卻發現了其中的問題，建議可口可樂公司採用其他方法來運送濃縮液，「在許多地區其他材料製成的容器可以用來替代不鏽鋼瓶」。

　　什麼材料製成的運輸容器會比不鏽鋼瓶更經濟實惠呢？很多人懷疑使用其他替代品是否可以為公司節省成本。但是，在斯圖爾特的努力下，可口可樂公司採納了他的建議，並且獲得了大幅降低成本的良好效果。那麼，可口可樂公司使用了怎樣的替代品呢？其經濟邏輯又是什麼呢？

　　雖然運輸容器可以用許多其他材料製造，如：塑膠、玻璃、木材等，但它們遠不如不鏽鋼瓶耐用，成本也不低。而使用新材料來替代，則更昂貴。

　　有意思的是，在美國一些地區，可口可樂公司採用了紙箱來運送濃縮液。以前在運送濃縮液時，使用不鏽鋼瓶，儘管占用了大量的固定資本，會計上的成本分攤並沒有顯示高昂的費用。但是，如果考慮到占用資金的機會成本，使用不鏽鋼瓶的真實成本就相當高。如果使用紙箱，每年要直接計入費用，雖然帳面上的成本似乎較高，但由於不占用大量資金，使用紙箱的真實成本實際上比較低，企業可以獲得成本節約的效益。

假如，若干個不鏽鋼瓶的資金投入需要 9,000 萬元，平均每個不鏽鋼瓶可使用 10 年，每年的成本分攤為 900 萬元。而使用紙箱的費用為每年 1,000 萬元。表面上看，紙箱的成本更高。但是，使用不鏽鋼瓶所占用的固定資金具有機會成本。如果公司的資金成本為 8%，那麼在第一年，9,000 萬元不鏽鋼瓶的資金投入就有 720 萬元的額外成本，使用不鏽鋼瓶的總成本為 1,620（900 ＋ 720）萬元。因此，第一年使用不鏽鋼瓶的實際成本要比紙箱的實際成本高 62%。第二年，8,100 萬元不鏽鋼瓶的資金投入有 648 萬元的額外成本，使用不鏽鋼瓶的總成本為 1,548（900 ＋ 648）萬元，比使用紙箱的成本高出 54%以上。其他各個年份以此類推，顯然，使用不鏽鋼瓶的實際成本相當高，而使用紙箱則可以節省大量的成本。

俗話說，「世界上沒有免費的午餐」。選擇就意味著非此即彼，「魚和熊掌」不可兼得。由於一種選擇而放棄另外一個最佳機會，所付出的代價就是機會成本。舉一個簡單的例子。如果你放棄一份 50 萬元的工作，去著名商學院讀全日制 MBA 課程，那麼，你讀 MBA 課程的機會成本就是放棄工作的 50 萬元薪酬加上學費的總和。

顯然，機會成本（opportunity cost）應當是經濟決策時必須考慮的重要因素。很遺憾的是，在現實生活中，它常常被人們所忽視。

根據一項調查，美國 200 家大企業的高階經理每天花 72 分鐘用於不必要的會議。如果一個高階員工每小時價值為 500 美元，開會的代價顯然相當昂貴。以一個大企業有 100 個高階員工來計算，由於不必要的會議，企業一天的無形損失大約為 5 萬美元，一個星期的無形損失就達到 25 萬美元，一個月超過百萬美元。顯然，不重視機會成本會導致資源的嚴重浪費，造成許多無謂的損失。如果企業老闆考慮到這些會議極高的機會成本，無疑會設法減少那些泛泛而談、無足輕重的會議。

無論是對企業的經營管理活動，還是對個人的決策行為，機會成本都具有異乎尋常的重要意義。在決策方案裡加入機會成本，將顯著的提高資源的利用效率。比如，存貨的機會成本是造成資金積壓所產生的額外收入損失，關注這種成本，就會更及時的解決存貨問題。再如，醫院有一臺醫療設備，它的機會成本是將這臺設備租賃出去所能獲得的全部收入。考慮到預計租賃收入的機會成本，醫院就有可能更好的發揮該設備的經濟效益。

使用機會成本概念來核算經營活動的真實成本，會有意想不到的改進效果。舉例來說，間接費用一般占生產成本的 50%或更高，它包括除直接人工和直接材料以外的所有成本，由工程、管理、能源和資本設備的折舊等部分組成。

大多數公司將間接成本簡單的分攤到公司製造的全部產品上。這種方法的問題是，製造多種不同產品的公司並不知道製造單一產品的真實成本是多少。解決這一問題的有效方法是力求估算每一項作業的機會成本，即在確定每一項作業的直接費用之後，按每項作業加工產品的時間長短來計算間接費用。

　　一家汽車精密沖壓工廠採用了這種經濟方法，發現過去計算每種產品的總生產成本的偏差高達正負 60%。因此，該工廠發現，將自己製造的一些零件，透過外購會更便宜；而另一些正在從外部獲取和購買的零件，自己生產的費用更低。進行這些調整之後，公司的成本降低了 30%。

　　充分重視機會成本，不僅可以提高經濟效益，而且有利於發揮各種資源的潛力。因此，從廣義上說，有助於實現人盡其才、地盡其利、物盡其用、資盡其效。

> **經濟決策原理第七條：機會成本要計較，資源利用更高效。**

➤➤ 效率法則之七　機會成本

效率法則之八

比較優勢

張三和李四分別要做兩件事情：拼裝一個衣櫃和完成兩頁文章的打字。李四做事效率高，不僅打字快，而且拼裝衣櫃也快。在這種情況下，他們是否可以透過分工交換來實現互惠互利呢？

從直覺來說，張三在這兩件事中做任何一件事都不如李四，似乎不可能透過分工而使雙方獲得好處。這一直覺是對還是錯呢？

我們用數字來說明。假如，完成兩頁文章的打字，張三要用 40 分鐘，而李四只需要 10 分鐘；拼裝一個衣櫃，張三要花 30 分鐘，而李四只需要 20 分鐘。表 8-1 顯示的是各做各的情況。

表 8-1　各做各的情況

單位：分鐘

	打字時間	拼裝衣櫃時間	總時間
張三	40	30	70
李四	10	20	30

根據表 8-1 中的數據，如果兩個人進行分工交換，雙方是否都可以獲益呢？

張三打字和拼裝衣櫃都比李四要花費更多的勞動時間，但相對而言，他自己拼裝衣櫃比打字要好一些，因此，他專門拼裝衣櫃，用 30 分鐘為自己拼裝一個衣櫃，再花 30 分鐘為李四拼裝一個衣櫃，總共需要 60 分鐘。李四打字和拼裝衣

櫃都比張三花的勞動時間少，而他在打字方面優勢更大。所以，他專門打字，用 10 分鐘為自己打兩頁文章，再花 10 分鐘為張三打兩頁文章，總共需要 20 分鐘。這樣一來，兩個人完成了全部要做的事情，如表 8-2 所示。

表 8-2　分工交換

單位：分鐘

	打字時間	拼裝衣櫃時間	總時間
張三	0	60	60
李四	20	0	20

　　在分工交換的情況下，張三只需要 60 分鐘，李四只需要 20 分鐘，就完成了他們的任務。而在沒有分工交換時，張三要花費 70 分鐘，李四要花費 30 分鐘，才能完成他們要做的事情。顯而易見，在分工交換的情況下，每個人分別節省了 10 分鐘，雙方都獲得了利益。那麼，這一奇妙的效益是怎樣產生的呢？

　　儘管張三沒有任何絕對優勢，但他有相對優勢。他拼裝衣櫃慢，不如李四，而打字更慢，更不如李四；相對而言，他在拼裝衣櫃方面有比較優勢（comparative advantage）。雖然李四在做兩件事情上都有絕對優勢，但在打字方面有更大的相對優勢。本質上，比較優勢來源於較低的機會成本（見「效率法則之七」）。

　　現在，讓我們比較一下雙方拼裝衣櫃的機會成本。

▶▶ 效率法則之八　比較優勢

　　張三拼裝衣櫃的機會成本是什麼呢？如果不拼裝衣櫃，他的 30 分鐘可用於打字，一篇兩頁文章要花費 40 分鐘，所以，他拼裝衣櫃的機會成本不到一篇兩頁文章的打字的機會成本，準確的說，是四分之三篇文章的打字機會成本。

　　李四拼裝衣櫃的機會成本是多少呢？如果不拼裝衣櫃，20 分鐘可以完成兩篇文章的打字。

　　顯然，四分之三小於 2，這說明張三拼裝衣櫃的機會成本較低。機會成本低，就是比較優勢。雖然張三在做兩件事上都沒有任何絕對優勢，但他在拼裝衣櫃上有比較優勢。所以，張三應當做拼裝衣櫃的工作，而李四則應當做打字的工作。這和古代「兩優取重、兩劣取輕」的智慧有著驚人的相通之處。

　　雖然這只是一個簡單的例子，但它卻揭示了一條真理：個人或國家應當專門生產那些能以相對較低的成本生產出來的商品。第一個發現這條偉大真理的人是經濟學大師大衛・李嘉圖（David Ricardo），他的名著《政治經濟學和稅收原理》（*On the Principles of Political Economy and Taxation*，西元 1817 年）對此進行了開創性的闡述。他指出：「一國即使兩種商品成本都比另一國高，但只要高的程度有差異，國際貿易同樣能發生，兩國只要按照比較優勢的原則進行分工，貿易雙方都能獲得利益。」

　　按照比較優勢進行分工交換，不僅可以提高生產效率，而且能夠增進所有交換者的福利。這一比較優勢原理是國際貿易最重要的理論依據。不論一個國家是否有絕對優勢，都可以從國際貿易中獲得利益。比如，在生產工業品和農產品這兩方面，越南都不如美國，但兩國根據比較優勢進行貿易，都可以獲得利益。從個人層面來說，不管一個人如何低能，都具有相對優勢之處。只要利用相對優勢進行分工交換，所有參與者都可以互惠互利、共同發展。

經濟決策原理第八條：比較優勢要用好，專業分工是工道。

▶▶ 效率法則之八　比較優勢

效率法則之九

供需規律

▶▶ 效率法則之九　供需規律

　　1991 年年初，波斯灣局勢異常緊張，國際社會強烈要求伊拉克撤出入侵科威特的軍隊，美國及其盟國在沙烏地阿拉伯和波斯灣地區集結了五十萬大軍，戰爭一觸即發。波斯灣戰爭局勢成為媒體熱播的國際新聞。如果，當時你是一家電視生產企業的高階管理者，應當密切關注戰爭局勢並採取應對的策略嗎？

　　答案是肯定的。如果你漠然處之，那將鑄成大錯。當年，精明過人的總裁審視了中東態勢的變化，考慮到了戰爭爆發對原物料供需的影響。憑著他的敏銳思維，他推斷，一旦美軍攻擊伊拉克部隊，大部分波斯灣的石油運輸將被迫中斷，加上聯合國對伊拉克的石油禁運，石油價格將急遽上升，這樣會大幅度增加工程塑膠的生產成本，從而造成工程塑膠價格上漲。於是，他當機立斷，集中公司資金進行緊急訂貨，購買了大量工程塑膠作為備用。果然，在聯合國安理會的授權下，以美國為首的多國部隊對伊拉克發動了局部戰爭。雖然波斯灣戰爭歷時不到兩個月便結束了，但進口工程塑膠的價格暴漲了 40%。由於對工程塑膠供需關係變化的準確判斷，公司節省了約一億多美元的材料費用。

　　這個例子生動的說明了掌握市場供需關係對企業經營管理的重要性。在市場活動中，供應和需求的力量決定了價格的走勢與行業的發展。正因為如此，供需原理成為經濟理論

中最常用的分析工具。有人開玩笑說：「你甚至可以使鸚鵡成為一位博學的經濟學家：牠必須學習的全部就是『供給』與『需求』這兩個詞。」儘管言過其實，卻不無道理。經濟活動離不開供需關係，經濟學作為研究經濟行為的科學，是以市場供需的變化為分析的基礎和重心的。

需求和供應是一個市場的兩個基本面。在一個市場，商品供不應求，價格就會上漲；供過於求，價格就會下降：這就是市場的供需規律（law of supply-demand）。

這裡先介紹一下需求概念。在其他因素不變的情況下，一種商品的價格與該商品的需求量成反向關係，這就是需求規律。比如，雞蛋的價格下降，它的銷售量就會增加。價格和需求量之間的這種關係，在以縱軸表示價格水準、橫軸為商品數量的平面圖上，是一條向下傾斜的需求曲線。

供應則與需求相反，在其他因素不變的情況下，一種商品的價格與該種商品的供應量成正向關係。比如，雞蛋的價格上漲，農民見有利可圖，就會養更多的雞用來下蛋，雞蛋的供應量就會增加。把價格和供應量的這種關係畫成曲線，就會得到一條向上傾斜的供給曲線。在一定的價格水準上，供應量與需求量相等，就產生了市場均衡，這時的價格就是均衡價格。

▶▶ 效率法則之九　供需規律

　　如果市場供應或需求發生變化，市場均衡被打破，均衡價格就會發生變化。像以上例子裡提到的工程塑膠，由於戰爭危機使石油價格上漲，而上漲的石油價格又造成工程塑膠生產成本上升。這樣一來，在原來較低的工程塑膠價格上，供應量就會減少，形成供不應求的局面，工程塑膠的市場價格就會被推高。

　　導致商品供需變化的因素是多種多樣的。概括的說，影響商品供應的主要因素包括生產者數量的增減、生產技術的改變、資源流動性的大小以及成本的變動。

　　與供應有所不同，影響商品需求的因素主要有消費者和人口的多寡、廣告有效性的強弱、消費者收入的高低、相關商品價格的漲跌以及消費者偏好的變化。前面三個需求因素較容易理解，比如，消費者人數或收入增加，或者廣告比較有效，都會增加需求。現在舉一個例子來說明後面兩個因素對需求的影響：在 1970 年代，世界主要石油出口國成立石油輸出國組織，大幅度提高國際石油價格，導致了汽油價格的暴漲。汽油和汽車是互補的相關產品，汽油費用的上升使美國消費者減少了對耗油較多的大型汽車的需求，同時強化了他們對省油輕便小汽車的偏好，日本汽車公司抓住這種偏好變化的機遇，大量出口輕便小汽車占領美國市場，獲得了極大的成功。

　　總之，企業依靠市場生存和發展，市場環境的變化決定企業的命運。只有準確掌握和利用供需變化的趨勢，企業經營才能立於不敗之地。

經濟決策原理第九條：市場風雲隨時變，供需關係是根本。

▶▶ 效率法則之九　供需規律

效率法則之十

貿易互利

➤➤ 效率法則之十　貿易互利

　　世界著名小說《湯姆歷險記》裡有這樣一則小故事：

（湯姆與哈克是兩個小朋友，在進行一次物品交換）

「喂，那是什麼東西？」（湯姆問）。

「一隻小昆蟲。」（哈克答）。

「你在哪裡捉到的？」

「在樹林裡。」

「我用什麼東西可以和你交換呢？」

「我不知道。我不想賣掉牠。」

「沒什麼，只不過是那麼一丁點大的小蟲子。」

「哦，沒有說它不好。我對這隻昆蟲倒很滿意。牠很好看。」

「嘿，這種昆蟲一點也不稀罕。如果我想要的話，我可以抓到上千隻這樣的蟲子。」

「你為什麼不去捉呢？因為你知道，你捉不到。這是一隻剛剛出現的昆蟲，我想，這是我在今年見到的第一隻這樣的昆蟲。」

「這樣吧，哈克，我用我的牙齒跟你交換。」

「讓我看看。」

湯姆拿出一張小紙片，小心翼翼的打開來。哈克帶著渴望的神色看著紙上的牙齒。誘惑力實在太強了。終於，他問道：「它是真的嗎？」

湯姆掀起嘴唇，露出牙洞。

「好吧，沒問題，」哈克說，「我們成交吧。」

湯姆將昆蟲裝進有蓋子的小紙盒，不久前那是作為蟑螂的

「監獄」的。然後，兩個小孩分開了，每個人都感到比以前富有多了。

馬克吐溫不愧為最偉大的小說家之一，透過這個生動的故事，我們不僅可以想像兩個活潑可愛的小孩子的一舉一動，而且還可以激發我們思考經濟貿易的基本動因。那麼，這兩個小孩為何要進行交易或者貿易呢？這對我們進行商業活動又有何啟示呢？

這兩個小孩的蟲牙交換是人類以物易物行為的一個縮影，它生動的展現了人類貿易的原始驅動力。湯姆喜歡他自己的牙齒，但更喜愛哈克的昆蟲；哈克喜歡自己捉到的蟲子，但更喜愛湯姆的牙齒。因此，交換的動因就是偏好差異。廣而言之，偏好差異是人類貿易活動的一個基本動因。

對商業人士來說，偏好差異就是商機。比如，同樣一張舊郵票，一個非集郵者覺得它沒多少價值，而一個收藏者卻可能視為珍寶。如果這個非集郵者偶然擁有這張舊郵票，這時候，精明的商人就可以出一筆小價錢從他手裡買進舊郵票，然後轉手以高價賣給收藏者。這種轉手買賣的生意看起來不登大雅之堂，但卻是現實生活中很常見的貿易活動。事實上，許多舉世矚目的大富豪就是靠貿易發家致富的。一個典型的例子是世界首富比爾蓋茲，他的第一桶金就是靠轉手買賣賺來的。

在 1980 年代初，國際商業機器公司（IBM）準備推出個人電腦，急需操作系統軟體。得知這個消息，比爾蓋茲敏銳的意識到，一個重大商機到來了。他了解到，在美國西雅圖，有一家小電腦公司開發了 DOS 操作系統軟體。當時比爾蓋茲沒有錢，於是他向父親借了 5 萬美元，飛到西雅圖洽談購買 DOS 軟體。由於這家小電腦公司急需資金，所以將 DOS 操作系統軟體的所有權出售給了比爾蓋茲，比爾蓋茲將 DOS 操作系統軟體稍加改進，便授權給 IBM 使用，IBM 按個人電腦的銷售量向比爾蓋茲的公司支付使用費。隨著 IBM 個人電腦市場占比的迅速擴大，比爾蓋茲的財富也急遽膨脹起來。

善於捕捉商機是創業者和企業家的獨特能力，而洞察人們的偏好差異，是發現商機的一個重要途徑。

經濟決策原理第十條：偏好差異藏商機，互惠互利做貿易。

效率法則之十一

邊際效用遞減

▶▶ 效率法則之十一　邊際效用遞減

在一個驕陽似火的夏日，假如你在房子後面種樹，累得滿身大汗，口渴得要命。這時候，如果你能享用一塊冰涼清甜的西瓜，就會感到「太爽了」。用經濟學術語來說，就是獲得很高的「效用」（utility）。消費一個商品得到的滿足感是總效用；多消費一個單位商品得到的額外滿足感就是「邊際效用」。如果你再吃一塊西瓜，還會覺得「超爽」，總效用增加了，但邊際效用可能下降了。如果再吃一塊西瓜呢？可能會覺得「還可以」，這時候，邊際效用仍存在，但與之前相比下降了。如果再繼續吃第四塊西瓜呢？食用過量了就會感到不適，那麼，邊際效用變成負的，邊際效用和總效用都減少了。

無論是吃東西、喝飲料，還是其他的消費，都存在這樣一種現象：隨著某種產品消費量的增加，多消費一個單位產品所帶來的額外效用必然下降，這就是邊際效用遞減法則（law of diminishing marginal utility）。有意思的是，情人相處的感覺也印證了這一法則。情人常常相處在一起，難免有摩擦和吵架，但如果有一段時間不見，就會倍感親切。「離別情更濃」就是邊際效用遞減的一種真實表現。

邊際效用遞減的原因是什麼呢？效用是主觀的心理感受，但產品消費所產生的心理刺激和反應具有一定的規律性。早在 19 世紀，心理學家韋伯（E. H. Weber）和費希納

（G. T. Fechner）透過心理實驗發現：人在消費某種商品時，最初的刺激很大，人的滿足程度相應很高。但隨著該商品消費量的增加，同一種刺激的重複，使人在心理上的興奮程度逐漸減弱，滿足感也逐漸減少。這一發現被稱為韋伯——費希納邊際影響遞減規律，是邊際效用遞減的理論基礎。

通常來說，消費者購買某種商品，是由於該商品可以產生效用。消費者根據商品的邊際效用來決定願意支付的價格。邊際效用越大，願意支付的價格也就越高；反之，邊際效用越小，願意支付的價格也就越低。因此，消費者購買的一種商品越多，由於邊際效用遞減，他願意支付的價格就越低。也就是說，消費者的商品需求價格會隨著該商品購買量的增加而降低。在以縱軸表示價格、橫軸為商品數量的平面圖裡，消費者的需求曲線從左上方向右下方傾斜，這條需求曲線本質上是消費者的邊際效用曲線。

在商品銷售時，精明的廠家會根據不同的購買量來設定價格。例如，「買二送一」是廠家廣為採用的一種促銷策略，往往為廠家帶來頗佳的銷售業績。基本原因是這種促銷策略符合邊際效用遞減的經濟法則。

經濟決策原理第十一條：邊際效用必遞減，掌握量價是關鍵。

▶▶ 效率法則之十一　邊際效用遞減

效率法則之十二

需求彈性

▶▶ 效率法則之十二　需求彈性

　　創業者凱恩擁有美國知名大學資訊系的教育背景，原本經營一家資訊技術（IT）雜誌社，在 IT 行業紅翻天的時候，他的雜誌十分暢銷。但隨著 IT 行業的降溫，他的雜誌也遭到衝擊，雜誌社開始出現小幅虧損。為了扭虧，他決定將價格提高 20％，希望能夠增加銷售額和利潤。但是，事與願違，漲價使銷售量下降了 30％，而且，銷售量的減少削弱了該雜誌對廣告商的吸引力，造成銷售收入銳減，虧損面急遽擴大，最終導致了雜誌社的破產。那麼，是什麼原因導致了凱恩的經營決策失誤呢？

　　凱恩只看到價格與銷售額之間的正向關係，而沒有預判好顧客對價格變化的敏感反應。也就是說，凱恩沒有認知到需求的價格彈性與銷售收入之間的關係，從而採用了錯誤的定價策略。

　　消費者對價格變動的敏感性就是需求價格彈性（price elasticity of demand），需求的價格彈性是價格變化的百分比所引起的需求量變化的百分比，可以用下面的等式表示：

$$需求的價格彈性 = \frac{需求量變化的百分比}{價格變化的百分比}$$

　　如果需求的價格彈性大，即價格彈性大於 1，提高價格就會減少銷售額。原因是：在需求價格彈性大的情況下，消費者對價格的變化很敏感，需求量變化的百分比將超過價格變

化的百分比，因此，漲價本身增加的收入會小於需求量下降所造成的收入損失，使總銷售額減少。

在上面的例子裡，該雜誌的需求價格彈性為：-30%／20%＝ -1.5，彈性取絕對值為 1.5，它大於 1，也就是說，價格每變化 10%，需求量會變化 15%，這說明消費者對價格的變化相當敏感，漲價會引起消費者強烈的反應，從而大量減少購買量。具體的說，銷售收入，常稱為銷售額，等於價格乘以銷售量，即總收入＝價格 × 銷售量。如果漲價 20%，銷售量下降 30%，那麼，銷售額將下降 16%。也就是說，漲價後的銷售額僅為漲價前銷售額的 84%，顯然，漲價是得不償失的。所以，如果要增加銷售收入，正確的決策就是降價，降價可以加大雜誌的銷售量，從而增加銷售額。具體的說，如果降價 20%的話，降價後的銷售量將增加 30%，那麼，銷售額將增加 4%，即 0.8×1.3 ＝ 1.04。

顯而易見，降價後的銷售額比降價前提高 4%。更重要的是，雜誌發行量的增加，使雜誌對廣告商更有吸引力，有可能帶來更多的廣告收益，這樣就增加了扭虧為盈的可能性。

以上講了需求價格彈性大的情況，相反，如果需求價格彈性小，即價格彈性小於 1，需求量變化的百分比小於價格變化的百分比。也就是說，消費者對價格的變化不大敏感，漲價就不會引起消費者強烈的反應，那麼，漲價就能增加銷售收入。因此，了解需求的價格彈性是合理選擇定價策略的關鍵。

▶▶ 效率法則之十二　需求彈性

　　一般來說，影響產品需求價格彈性的因素主要包括產品對於購買者的重要性、產品消費占總開銷中的比例、替代品多寡等情況。一個產品越是必需，它的價格彈性就越小，比如，食鹽和阿斯匹靈的價格彈性都比較小。一個產品在消費者的總開銷中占比越大，需求的價格彈性就越大，比如，汽車的價格彈性大於原子筆的價格彈性。一個產品的替代品越多，需求的價格彈性就越大，比如，可口可樂有許多替代飲料，所以它的價格彈性比牛奶的價格彈性大。

　　常用的估算需求價格彈性的方法主要有三種：面談問詢法、直接實驗法、統計測算法。

　　面談問詢法分為直接調查和間接調查兩種。直接調查是指對消費者提出問題，比如，你在某個給定的價格下，會樂意購買多少數量的某種商品？如果價格上漲到了某個程度，你會怎樣調整購買量？如此等等。採用直接問詢，資訊可靠性不太高，因為消費者的答案不一定會反映他們的真實購買意向；間接問詢的效果相對較好，消費者不僅可以被問及目前的消費行為，而且可以被問及他本人和其他人對價格的反應，例如，如果商品打 5% 的折扣，你會心動嗎？你認為別人會購買嗎？這種詢問方式可以提供有價值的需求資訊。

　　直接實驗法也包含兩種方式：一是直接行銷試驗（direct marketing experiment），即在市場條件相對穩定的情況

下，變動某一特定商品的價格，以了解其對消費者決策的影響。例如，一家生產緊身褲襪的美國廠商曾測試其褲襪產品在不同城市的四種促銷手法：兩雙裝降價 40 美分，兩雙裝降價 20 美分，每雙降價 20 美分，以及購買一雙可獲得一張 25 美分的優惠券。根據銷售情況的分析結果表明，「兩雙裝降價 40 美分這一促銷手法最為有效，它在 6 週內帶來了 53% 的累計淨銷售的成長；兩雙裝降價 20 美分的有效性次之，8 週內累計淨銷售成長了 20%；25 美分優惠券的效果最差，8 週內累計淨銷售僅成長 3%」。

二是受控實驗室試驗，選擇一批消費者，給他們一筆購物補助款，要求他們在一個模擬的商店裡消費，而將商品的價格、包裝和放置位置進行適當的變動，以觀察消費者購買行為的變化。雖然直接試驗有一定的效果，但成本較高，試驗持續時間一般較短，觀察的數量和提供的資訊也就較為有限。

統計測算法是使用最為廣泛的一種估算需求的方法。它運用經濟統計模型，對產品價格和銷售的歷史數據，進行處理和分析。相關的技術性知識可以參考經濟統計方面的書籍。

經濟決策原理第十二條：需求價格有彈性，產品定價要展現。

▶▶ 效率法則之十二　需求彈性

效率法則之十三

沉沒成本無所謂

　　美國一家公司開發了一種新產品，根據總裁的估計，新產品可以為公司每年帶來 700 萬美元的銷售額，同時增加600 萬美元的實際成本，整體分配成本（包括新增成本以及一定比例的管理費用、折舊和保險費等）是 780 萬美元。

問題（1）總裁認為生產這種新產品無利可圖。請問這樣的想法是否正確，為什麼？

問題（2）公司主管研究部門的副總裁認為，因為開發這種產品已經花費了 1,200 萬美元，所以除了生產別無選擇。請問這樣的想法是否正確，為什麼？

　　這是企業經營過程中經常碰到的實際問題。

　　在問題（1）中，總裁反對生產開發出來的新產品，他的理由從會計核算的角度來說是正確的，但從經濟學的角度來說是不對的。生產新產品導致新增的成本是 600 萬美元，其餘的分攤費用為 180（780 － 600）萬美元，屬於固定成本，即使不生產新產品，這些固定成本也存在，但會分攤到其他產品上。而新增的銷售額（即收益）是 700 萬美元。顯然，新增收益（700 萬美元）大於新增成本（600 萬美元），所以，生產新產品是有利可圖的。所以，應當生產該新產品。

　　在問題（2）中，副總裁的觀點很容易引起共鳴。不過，他的想法是錯誤的，但結論是正確的。1,200 萬美元的開發費已經花掉了，那是已經發生而無法收回的費用，即沉沒成

本（sunk cost），這個成本對於是否生產的決策並不重要，因為這個成本已經沒有其他的利用機會了，衡量是否生產的標準是能否有新增利潤，也就是說，新增收益是否大於新增成本？如果不是的話，就不必生產。但我們從問題（1）的解答裡，已經知道有必要生產新產品，因為有利可圖。

沉沒成本無所謂。這是經濟決策的一個重要法則。打一個比方，如果木已成舟，我們不應該繼續去想原來那些木材值多少，可以生產其他什麼產品，而應當考慮已造的船可以怎樣使用才有最大價值，如果不能使用，是否可以改造成其他東西呢？至於造船時耗費的許多人力和物力，那都是沉沒成本，不應該是現在決策的依據。英諺裡有一句成語說得好，「不要為打翻的牛奶哭泣」。重要的是現在和未來，而不是過去。過去的無法再選擇了，機會一去不復返了。

在現實生活中，捨不得沉沒成本是人性的弱點，因此很容易導致一錯再錯，越陷越深，不能自拔。例如，有一位外貿業務員自己創業，花了不少錢收購了一家針織廠，自任廠長。由於競爭激烈，加上經營環境惡化，管理困難重重，收取的加工費難以維持經營。雖然十多個月後感到財力難支，但卻不甘心停業，因為設備和工廠花費了 20 多萬元。於是又苦撐了一年多，最終關閉工廠時虧損了 100 多萬元。顯然，他沒有意識到，那 20 多萬元的籌備費用早已付出，作為

沉沒成本，不應影響他是否繼續經營的決策。既然扭虧不實際，那麼，長痛不如短痛，早做了斷，也就不至於虧損得那樣慘。

經濟決策原理第十三條：沉沒成本要捨棄，重在未來新收益！

效率法則之十四

邊際效益遞減

▶▶ 效率法則之十四　邊際效益遞減

　　有一家小酒廠，某一年，這家小企業大膽出手，出價
6,666 萬元勇奪電視廣告標王，獲得了電視新聞後天氣預報
前的那十幾秒的廣告播出權。該酒廠廣告在電視臺黃金時段
的播出使酒廠的名聲大振，銷售市場得到急遽擴張，當年實
現銷售收入 9.5 億元，繳稅 2.2 億元，比奪標前分別成長了
500%和 600%。這種標王效應，使該酒廠嘗到甜頭，酒廠負
責人因此以為，鉅額的廣告投入可以持續產生更大的額外收
益。於是，集中全部財力，以 3.2 億元的高價又一次奪得隔
年的電視廣告標王。然而，當年的銷售卻並沒有如他們期望
的那樣，呈現進一步的爆發式成長，而是出現了意外的斷崖
式暴跌，隔年的銷售額僅為 6.5 億元，下滑了 31%，銷售和
市場都出現了急遽萎縮，最終酒廠宣布破產。

　　是什麼原因導致了這家小酒廠的墜落？從表面上看，酒
廠發生了負面新聞和公關不利，是導致酒廠品牌失利的直
接因素。但實際上，還有更深層次的原因。酒廠的製酒疏
失不過是一種 OEM 貼牌生產，許多知名品牌酒廠都是這樣
做的，而貼牌生產在其他行業更被大眾廣為接受，比如：
Nike、蘋果手機、皮爾卡登等知名國際品牌，無不如此。這
家小酒廠失敗的根本原因，是高估了電視廣告的持續效應所
造成的決策失誤。從理論上來說，就是忽視了基本的邊際效
益遞減規律。根據這個經濟規律，連續的增加同一單位的投
入品，而保持其他投入品不變時，最終會出現的情況是：增

加的產出會變得越來越少。在經濟學裡，增加一個單位的某種要素投入所生產的額外產量，稱為邊際產出（marginal product）。邊際產出遞減往往會導致投入品的報酬遞減。小酒廠首奪標王時，廣告效應強大，因為人們初次得知該品牌，難免會有好奇心和新鮮感。但隨著廣告日復一日的重播，效應必然會日漸減弱。而對電視廣告效應持續增大的企望只能是一個幻覺。

邊際效益遞減是不以人們意志為轉移的客觀規律。

舉例來說，一畝地投入 5 公斤化肥，產量增加 100 公斤；再投入 5 公斤化肥，產量可能增加 120 公斤；然後，再投入 5 公斤化肥呢？產量很可能只增加 90 公斤。不斷增加一定量的化肥，最終會導致額外增加的產量越來越少，這是必然趨勢。試想一下，如果不是這樣的話，不斷投入化肥，額外的產量越來越多，這豈不是意味著一畝地可以養活全世界所有的人口？

現在用一個簡單的例子來說明邊際產出與生產過程的關係。一個小餐館有餐廚設備，但如果沒有員工，就無法供應餐食，這時產量為 0；如果僱用一個員工，可供應 30 份午餐，這個員工的邊際產出為 30；如果再僱用一個員工，餐館可供應 80 份午餐，那麼，這第二個員工的邊際產出是 50，因為 80 － 30 ＝ 50。

一般來說，企業的生產過程有三種邊際產出現象：邊際產出遞增、邊際產出遞減、邊際產出為負。這三種現象被稱為生產過程的三個階段。以下以一個小餐館每天的生產情況為例來說明（見表 14-1）。

表 14-1　一家小餐館的生產情況

資本（設備）	員工 / 位	總產量 / 份（供應餐數）	邊際產出
10	0	0	0
10	1	30	30
10	2	80	50
10	3	140	60
10	4	190	50
10	5	230	40
10	6	260	30
10	7	280	20
10	8	290	10
10	9	295	5
10	10	290	-5

從表 14-1 可知，當員工從 1 個逐步增加到 3 個時，每個新增員工的邊際產出是遞增的，依次為 30、50 和 60，這就是生產過程的第一階段；員工從 4 個逐步增加到 9 個時，每個新增員工的邊際產出是遞減的，但邊際產出為正，依次為 50、40、30、20、10 和 5，這是生產過程的第二階段；到了第三階段，當僱用了第 10 個員工時，邊際產出為 -5，總產出是下降的。

　　為什麼當員工超過 9 個時，總產量會減少呢？由於小餐館的面積十分有限，並且廚房設施（資本）給定，員工過多會由於過於擁擠而出現相互干擾。正如國外諺語所說：「廚師太多做壞了湯。」在正常情況下，企業會在第二階段進行生產。但在現實生活中，有些企業也會在第三階段生產，原因是冗員導致邊際產出為負。不少企業常常出現「第一個人看，第二個人看，第三個人來搗亂」的低效率現象。

　　報酬遞減的規律性並不侷限於生產活動，同時也存在於技術開發、廣告行銷等各個領域。對企業管理者來說，掌握邊際產出遞減的實際情況，有利於合理利用資源、控制成本、提高經濟效益。

經濟決策原理第十四條：邊際效益必遞減，資源投入須謹慎。

▶▶ 效率法則之十四　邊際效益遞減

效率法則之十五

經濟附加價值

▶▶ 效率法則之十五　經濟附加價值

　　張醫生辭去 300 萬元年薪的工作，開了一間私人診所。他使用了自有的一間房子作為辦公室，這個房子原用於出租，年租金收入為 100 萬元。現在自己使用，就不必支付房租。公司一年的營業成本包括：員工薪資 220 萬元，藥品、設備租賃、水電、保險等費用計 380 萬元。當年的營業額為 820 萬元。預計經營情況穩定，在今後的幾年內不會有明顯變化，而他也很容易找到原本那樣的工作。如果他主要考慮的是經濟利益，那麼，他應當繼續經營診所嗎？

　　從帳面上看，診所經營得還可以。顯性成本（會計成本）包括員工薪資（220 萬元）和其他各種費用（380 萬元），共計 600 萬元。營業額（820 萬元）減去顯性成本（600 萬元）就是 220 萬元的帳面利潤（會計利潤）。從表面上看，診所盈利狀況良好，應當繼續營業。

　　但是，帳面核算存在一個基本弱點，機會成本（見「效率法則之七」）往往沒有得到反映。實際上，真實的經濟成本不僅包含顯性成本，而且包括其他自有資源的機會成本。如果這位醫生不經營私人診所，他可以獲得 300 萬元的年薪；如果他不將自己擁有的房子用作診所，他可以得到 100 萬元的年租金收入。因此，他的真實成本不僅有顯性成本，也應包括放棄工作的薪資（300 萬元）和未得到租金收入（100 萬元），即

經濟成本＝顯性成本＋機會成本＝ 600 ＋（300 ＋ 100）
＝ 1,000（萬元）

這樣看來，這位醫生開診所是不划算的，因為營業額
（820 萬元）減去經濟成本（1,000 萬元）為 -180 萬元，也
就是說，經濟利潤為 -180 萬元。從經濟意義上來說，他經
營診所是虧損的。所以，他應當關閉診所，回去做原來的
工作。

帳面利潤（paper profit）與經濟利潤（economic
profit）的差異在概念上的區分並不難，但在實際經營活動
中，複雜的核算過程會像迷霧一樣模糊人們的視線，企業管
理者很容易忘記經濟利潤的重要性，往往圍著帳面利潤數字
打轉，從而造成經營決策的失誤。

雖然經濟利潤是教科書裡的一個常用術語，在商務活
動中卻有重大的實用價值。值得一提的是，經濟顧問專家
貝內特・斯圖爾特在為可口可樂公司做顧問時，創意的運用
了經濟利潤的概念，提出經濟附加價值（economic value
added，簡稱 EVA）的思路。

作為顧問，斯圖爾特對當時的可口可樂公司財務總監
說，「雖然我們在評估灌裝生產線的價值時用的是現金流的
概念，但在確定灌裝線經理們的獎金時，就應該採用經濟利
潤的概念了，我把它叫做 EVA。EVA 就是減去資本成本後的

利潤。如果你的投資有好的報酬，而且利潤的成長超過了資本成本，EVA 就會提高；反之，如果你們的投資帶來的收益無法彌補資本成本，即使會計利潤看起來不錯，EVA 的利潤也會降低。如果我們能夠透過獎金的方式讓灌裝廠的經理們分享到他們所創造的 EVA 增量，他們就會有動力更明智的運用資產，並確保其投資增加價值。」財務總監回答：「有道理。不過，是不是還有其他的公司也在採用這個方法呢？」斯圖爾特回答：「據我所知還沒有。」「真棒！這樣我們就可以把競爭對手甩開一大截了。好的想法常常會讓我們領先一大步……」

　　採用 EVA 方案，使可口可樂公司的業績得到了明顯改善。舉例來說，以前在運送濃縮液時，使用不鏽鋼瓶，占用大量的固定資本，會計意義上的成本分攤並沒有顯示高昂的費用，但計入占用資金的機會成本，使用不鏽鋼瓶的真實成本就相當高。在一些地區使用了紙箱來運送濃縮液，進而大幅度降低了成本。

　　斯圖爾特的 EVA 思路促進了可口可樂公司的發展，同時也使他的顧問事業蒸蒸日上。至今，斯圖爾特仍以經濟利潤的概念來引導企業提高效益。「衡量一項投資真正創造了多少價值，並不在於它銷售收益的多寡，關鍵是看減去所有資本成本之後的最終盈餘。」、「經營活動的實際價值是它的

會計利潤減去全部資本成本，包括資金的機會成本和債務利息。」這是對經濟利潤的生動詮釋和實際應用。

經濟決策原理第十五條：帳面利潤會騙人，經濟利潤是「真金」！

▶▶ 效率法則之十五　經濟附加價值

效率法則之十六

規模經濟

▶ ▶ 效率法則之十六　規模經濟

　　有一家家用電器生產企業在 1993 年才開始生產微波爐，如同神話一般，在短短 8 年時間內從一個製作生活用品的小工廠，轉變為無可爭議的微波爐市場的全球領導者，到 2001 年便擁有了 30% 的世界市場占有率。在此後的十幾年裡，銷售量一直維持 30%～ 40% 的世界市場占比。企業的迅速成長並不是偶然的。從 1996 年開始，其品牌的微波爐每年降價 40%。到了 2001 年，最便宜的微波爐價格已經跌至每臺 1,500 元。在價格戰的衝擊下，LG、三星等國際龍頭失去了原有的市場主導地位，而全球許多的微波爐製造商在殘酷的價格戰中紛紛敗下陣來，關閉了工廠。因此，媒體將這家企業稱為「價格屠夫」。2001 年，這家企業的微波爐年產銷量達到 1,500 萬臺。其經營策略的經濟邏輯是什麼？

　　這家企業起家的訣竅在於它最大程度發揮了規模經濟（economies of scale）的效益。規模經濟的含義是：經營規模擴大導致長期平均成本下降。該企業為了加快擴張速度，採用了低價策略來提高銷售額，從而達到規模經濟的目的。規模經濟不僅可以降低生產成本，還可以透過降低價格來擴大市場占比。

　　與這家企業類似，一家科技公司也曾是一個利用規模經濟獲得超預期成長的典型。前幾年，人們驚奇的發現，該公司推出的手機，網路售價低於其銷售時的生產成本，這種

超低價銷售對顧客很有吸引力。該公司於 2010 年成立，在 2011 年 10 月開始發貨，到了 2012 年 3 月，推出的手機銷量超過了 200 萬臺，並有了「微利」。那麼，公司為什麼能夠盈利呢？當時，公司的售後服務和部分增值服務是虧損的，而它盈利的祕密是：採用「前向定價法」來獲取規模經濟的效益。所謂「前向定價法」（forward pricing），就是不以現在的單位生產成本為依據，而是參考未來某個時間的單位生產成本來進行前瞻性定價。採用這種定價方法，以單定產，待訂單累積到較大數量時，進行規模化生產，便可以實現規模經濟。比如，按現在的小批量生產，每部手機的生產成本為 6,000 元，可獲利的銷售價必須高於此成本。但如果按照未來的大批量生產，每部手機的生產成本為 4,500 元，銷售價定在 5,000 元左右就可獲利，而這個價格遠低於現在的單位生產成本，即 6,000 元。在手機行業，採用前向定價法，還可以獲取摩爾定律（Moore's law）帶來的成本節約。根據摩爾定律，每 1 美元所能買到的晶片性能，將每隔 18 ～ 24 個月翻一倍以上。也就是說，手機晶片的成本是不斷下降的。因此，同樣的手機晶片在幾個月後成本就會明顯降低，手機的生產成本也隨之下降。

　　規模經濟存在於經營的不同階段，無論是採購、生產和研發，還是行銷、物流和售後服務，大批量的規模營運都有

利於平均成本的降低；規模經濟也存在於商務活動的不同層面，小到工廠、部門和產品，大到公司、市場和城市。規模化的集中管理都可以促進單位經濟效益的提升。

規模經濟主要來源於三方面：

1. 規模化經營有利於促進生產標準化和專業化，減少能耗和原物料消耗費用，提升產品品質。
2. 規模化經營可進行大批量原物料採購，從而降低採購成本。
3. 規模化經營有利於充分發揮技術優勢，能提高定量投入資源的效率，比如，在建築業，建造成本＝ K（流通量）× 2/3，這是行業內著名的三分之二法則，是一種客觀存在的現象。

生產經營活動達到一定的產量水準，才可能獲得最大的規模經營效益，這個產量稱為高效率的最低規模，也就是長期平均成本開始達到最低水準時的生產規模。例如，家用電器公司在生產微波爐最初的 8 年裡，單位成本隨著產量的增加不斷下降，在年產量達到 1,000 萬臺之後，每臺微波爐的成本已降到最低，這個產量就是該公司高效率的最低規模。一般來說，每個行業都有一個高效率的最低規模，企業需要達到這個最低規模，才能充分實現規模經濟的效益。在達到這一規模後，再擴大一些產量，單位成本會大致保持不變，這是低成本生產營運階段。

　　規模經濟是有限的，而不是無限的。當經營規模過大時，會出現規模不經濟，即長期平均成本會上升。這種現象的產生是由於過大規模的經營，會造成管理有效性降低、溝通成本增加、經營靈活性下降、市場敏感度衰退等問題。

經濟決策原理第十六條：降低成本有訣竅，經營規模要達標！

▶▶ 效率法則之十六　規模經濟

效率法則之十七

學習曲線

▶▶ 效率法則之十七 學習曲線

　　福特 T 型車是迄今為止全球最有影響力的汽車，不僅因為它是 20 世紀初，先進工業流水裝配線技術與管理革新的典範，而且因為它是世界上第一款走入普通百姓家的大眾化、實用型汽車。福特 T 型車在 1908 年問世時，銷售價僅為 850 美元，當年的產銷量就達到 10,660 輛。雖然在第二年時，它的價格上升為 950 美元，但之後隨著銷量進一步增加和成本持續下降，價格每年逐步降低，到 1916 年時，福特 T 型車的售價降至 350 美元，而這一價格仍然為福特汽車公司帶來了可觀的利潤。

　　福特 T 型車生產成本的不斷下降：一方面是由於規模經濟（見「效率法則之十六」）；另一方面是由於學習曲線（learning curve）的效應。學習曲線是指平均成本會隨著累計總產量的增加而下降，而這種下降速度是遞減的。它反映了經驗效益，所以又稱為經驗曲線。簡單的說，重複的進行同一種產品生產時，隨著產量的累計增加，單位產品所需的生產時間將減少，單位產品的成本會以相應的比例下降，呈現一條往下傾斜的曲線，如圖 17-1 所示。

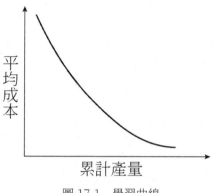

平均成本

累計產量

圖 17-1　學習曲線

　　熟能生巧是對學習曲線的通俗表述。事實上,學習曲線存在於人們所做的各種工作和各類事情當中。重複做某件事產生經驗,工作更熟練,流程更合理,分工協作更高效。對企業來說,在生產一種產品之後,再一次生產這種產品常常可以節省 10% 以上的成本和時間。累計的產量增加一倍時,單位產量所需要的生產時間為前一次的某一比例,這個比例稱為學習率。例如,一個工人重複生產一件產品,第一次需要 100 分鐘,第二次只需要 70 分鐘,那麼,他的學習率是 0.7。與此類似,一個工廠重複生產一種產品,第一次生產 1 萬件時,每個產品的平均生產時間為 100 分鐘;第二次生產 1 萬件時,即累計 2 萬件時,每個產品的生產時間縮短為 75 分鐘,那麼,這個工廠的學習率是 0.75。因此,學習曲線將產生重大的成本節約效應。

▶▶ 效率法則之十七　學習曲線

　　對於不同的產品、不同的人和不同的企業，學習率會有很大差別。研究發現，像輪船和飛機那樣的大型產品組裝製造，生產過程複雜、協調難度大，學習曲線效應特別顯著。當產量上升時，生產每艘輪船或每架飛機的勞動時間會快速的下降。例如，第二次世界大戰期間，一家美國企業生產了大量的輪船，第一年生產輪船的平均勞動時間就下降了45%，每艘輪船的製造時間則減少了75%。

　　有意思的是，有時候有的企業並沒有獲得應當存在的學習曲線效益。一個典型的案例，是美國洛克希德公司（Lockheed Corporation）在1970年代進行的L-1011三星廣體噴射客機生產項目，洛克希德公司在該製造項目上損失了數十億美元，主要的原因是該項目幾乎沒有產生任何學習曲線效應。那麼，為什麼洛克希德三星式飛機製造項目沒有產生預期的生產效率提升呢？學習曲線效應的消失並非偶然。具體原因包括員工工作任務的頻繁變換、員工較高的流失率、罷工造成的生產中斷等，這些因素導致了「組織失憶」（organization forgetting），在做中學獲取的經驗和知識也就沒有得到累積，也就難以產生有效的學習率。因此，企業要發揮學習曲線效應，需要注意以下幾個方面：

1. 減少員工的工作更換頻率
2. 降低員工流動性
3. 增強工作的連續性

　　從更高層次來說，個人和企業都需要一個知識管理系統，以利於不斷獲取學習效應、提高工作效率。

經濟決策原理第十七條：學習曲線降成本，知識管理來實現！

➤➤ 效率法則之十七　學習曲線

效率法則之十八

範圍經濟

▶▶ 效率法則之十八　範圍經濟

　　有一家電器集團不論是在自己的國家還是在全世界，都可說是白色家用電器製造行業的龍頭老大。除了其主業冰箱外，集團有將近 100 個產品線和 15,000 多種家用電器，包括冰箱、冰箱、冷氣、洗衣機、微波爐、電視、手機、電腦、吸塵器等。生產如此之多的產品，是否會導致成本上升、利潤下降呢？多年來，該集團的經營業績長期保持良好。2016 年，全球銷售收入達到 2,016 億元，比上一年成長 6.8%，利潤達到 203 億元，比上一年成長 12.8%。對一個在成熟行業的製造企業來說，10%的利潤率是相當不錯的經濟效益。

　　企業生產多樣化相關產品的經濟邏輯是什麼呢？不只是由於規模經濟（見效率法則之十六）和學習效應（見效率法則之十七），更重要的是可以獲取範圍經濟（economies of scope）。同時生產兩種或兩種以上產品的成本，低於這些產品單獨生產時所需成本的總和，就是範圍經濟。舉一個簡單的例子，一個生產者同時生產信紙和筆記本的成本，要比兩個生產者分別單獨生產這兩種產品的合計成本低得多。

　　範圍經濟來源於企業內部資源共享、優勢互補。具體來說，同樣一種設備用來生產多種產品，其利用率可得到提高；同樣一種零件或中間產品用於組裝多種產品，其生產批量增加可以降低單位成本；同樣一項研發技術成果用於多種產品的生產，單位產品所分攤的研發成本可以降低；同樣一個行

銷網絡可用來支援多種產品的銷售，可節省產品的平均行銷成本，如此等等。例如，一家石化公司併購一家乙烯公司後整合營運，不僅可以實現物料互供、水電氣風等共用設施的優化配置，還可以透過分銷、研發和服務中心等部門的統一管理，和集中使用的措施，達到節約成本的目的。

前幾年，有一所大學開辦推廣教育學院，提高了教室等教學資源的利用率，獲得不錯的經濟效益。這也是一個範圍經濟的例子，因為一個教育機構同時提供兩種教育產品的費用，要低於兩家教育機構分別單獨提供這些產品所需的合計費用。

對企業來說，範圍經濟的可實現程度，是產品線延伸和經營範圍擴大的重要決策依據。如果相關產品種類的增加，提升了企業資源的共享性和利用率，就可以產生範圍經濟的效益。但是，範圍經濟是有限的，而不是無限的。如果企業的產品種類太多，經營範圍過廣，反而會加大管理難度，降低管理效率，從而造成範圍不經濟。由一家企業生產關聯產品的成本，高於多家企業單獨生產這些產品所需成本的總和，就是範圍不經濟。所以，企業需要盡量挖掘範圍經濟，但也要避免範圍不經濟。

經濟決策原理第十八條：範圍經濟須挖掘，資源共享是祕訣！

➤ ➤ 效率法則之十八　範圍經濟

效率法則之十九

現值估算

　　創業者小李在考慮購買一套二手電子設備。該設備預計可使用兩年，第一年可產生 200 萬元的營運利潤，第二年可產生 100 萬元的營運利潤。之後，設備將報廢，其殘值僅約 2,000 元。如果沒有商業風險，小李要求有 10% 的年報酬率，他購買設備所應支付的最高價格是多少？如果有商業風險，設備的估價應做何調整？

　　上面這個案例的核心問題是設備資產如何定價。這是商業投資的典型問題。同樣，如果你併購一家企業，對這家企業應出價多少，也是類似的資產定價問題。投資標的或併購目標公司的估價是一個商業難題，現值估算法則是破解這一難題的一把金鑰匙。

　　根據現值估算法則，現有的一元比未來將得到的一元更有價值。因此，資產所能產生的預期未來收入或支出，應當折算為現在的價值來評估。

　　現值估算法的基礎是「現值」。在此用一個簡單的例子來說明現值（present value，簡稱 PV）的概念。

　　今天的 100 元在一年後值多少錢呢？如果利率是 10%，那麼，100 元在一年後的未來值（future value，簡稱 FV）是 110 元。反過來說，一年後的 110 元的現值就是 100 元。

　　因此，一年的未來值為

$$FV_1 = 100(1 + 10\%)$$

用符號簡寫為：

$$FV_1 = PV(1 + i)$$

在此，i 代表利率或折算率。

兩邊同除以 $(1 + i)$，可以得到的現值為

$$PV = FV_1/(1 + i)$$

如果時間是 2 年，那麼，$PV_2 = FV_2/(1 + i)^2$

依此類推，如果時間是 t 年，$PV_t = FV_t/(1+i)^t$

比如，5 年後收到的 100 元現在值多少錢呢？如果利率為 5%，那麼，

$$PV = 100/(1 + 5\%)^5 = 100/1.2763 = 78.35$$

也就是說，5 年後收到的 100 元僅值現在 78 元左右。

現在來分析開頭案例中的設備問題。

在無商業風險的情況下，按照現值法則估算的設備價值為：

設備價值＝ 2 ＝ $(1 + 10\%) + 1(1 + 10\%)^2 + 0.002/(1 + 10\%)^2 \approx 1.8182 + 0.8264 + 0.0016 \approx 2.6463$（ 百萬元)

也就是說，如果要獲得 10% 的年報酬率，小李購買該套設備所應支付的價格不應高於 264 萬元。

如果存在商業風險，設備的估價應往下調整，以彌補可能產生的損失。這時候，就要採用高於 10% 的折算率來調低

設備的現值。風險越大，折算率（報酬率）也就越高。這種價值估算就稱為「風險定價」（risk pricing）。

再舉一個實例來說明現值估算法則的運用。

一家擁有 300 輛計程車的企業，兼營汽車租賃業務。由於各種原因，現有 50 輛計程車無法進行營運和處理。該批車輛磨損嚴重，車況極差，無法再發包給計程車司機進行出租營運；如果進行修理，估算每輛車的修理費用將達 1.2 萬元，該企業的資金成本為年利率 10%，修復和重新發包需要 6 個月時間，發包後每輛車每年可以產生 4 萬元的淨收入，汽車平均使用時間為 3 年。該批車輛在財務帳面上的折舊餘額近 9.3 萬元／輛，而扣除銷售成本後的市場淨售價平均僅為 2.3 萬元／輛，如果出售必將出現 7 萬元／輛的虧損，共計 350 萬元。不過，出售後公司可以使用該批車輛所套用而閒置的 50 個計程車經營權，每個使用的計程車經營權意味著每年 2.5 萬元的淨收入，因為公司可訂購新車，購車款由承包司機負擔。該公司總經理對如何處理這批車輛持謹慎態度，並不急於做出決定。所以，車輛一直閒置著。

1. 對於這批車輛，有幾種處理方法？

2. 如何正確處理這批車輛？

3. 該公司總經理會按經濟邏輯處理這些車嗎？為什麼呢？處理這些車的策略是否取決於他的任期長短呢？

根據現值估算法則，我們可以對計程車的案例進行具體分析如下：

1. 存在三種處理方式：繼續閒置、修理、出售這些車。
2. 需要對三種處理方式的經濟效益比較，由於汽車修理需要半年時間，修理後汽車只能使用 3 年，之後只有計程車牌可以使用，這與出售閒置車之後的情況一樣，所以，只須比較三種處理方式在 3 年半時間裡的經濟效益。

   A. 繼續閒置：沒有收入和利潤，折舊損失會不斷增加。

   B. 修理：

   現值利潤 － 現值收益－現值成本＝$50 \times [2/(1+0.1) + 4/(1+0.1)^2 + 4/(1+0.1)^3 + 2/(1+0.1)^{3.5}] - 1.2 \times 50 = 50 \times [1.8181 + 3.3057 + 3.0052 + 1.4311] - 60 = 50 \times 9.5601 - 60 = 478 - 60 = 418$（萬元）

   C. 出售：

   現值利潤＝現值收益＋預期現值收益＝$2.3 \times 50 + 50 \times [2.5/(1+0.1) + 2.5/(1+0.1)^2 + 2.5/(1+0.1)^3 + 1.25/(1+0.1)^{3.5}] = 115 + 50 \times [2.2737 + 2.0661 + 1.8783 + 0.8944] = 115 + 50 \times 7.1115 = 115 + 355.575 = 470.575$（萬元）

從經濟分析的角度來說，將閒置車出售後經營的閒置利潤最高，所以，從經濟效益的角度來說，出售閒置車是最佳決策。

3. 總經理很可能不會按經濟邏輯處理這些車，尤其是在他的
   任期不長的情況下，更是如此。因為出售這些車會在收入
   報表上出現 350 萬元的鉅額虧損。總經理難免擔心被指責
   「造成公司資產減損」或「經營不善」，從而影響他個人
   的職業發展。

   當然，如果總經理有很長的聘任期，他應當做出賣車的決
   策，因為「長痛不如短痛」，短期的虧損可以產生長期的
   良好業績。同樣，如果是一個剛上任的總經理，也會立即
   出售這些閒置車來改善經營狀況。

   基於現值法則的估算法是經濟和金融分析的一種常用工
   具。雖然人們使用多種方法進行資產估值，但現值估算在資
   產定價中是必不可少的環節，對投資決策具有重大的參考
   價值。

經濟決策原理第十九條：投資經營看報酬，現值估算不可少！

效率法則之二十

位置價值

▶▶ 效率法則之二十　位置價值

　　2007 年 1 月的一個早晨，正是上班高峰時段，在美國華盛頓特區朗方廣場的地鐵站地下道裡，一位看似街頭藝人的年輕男子，用一把小提琴演奏著世界名曲，在他腳邊的琴盒上，散亂的放著一些零錢。他演奏了 6 首巴哈的作品，用時 43 分鐘，超過 1,000 人經過他身邊，不到 30 人給了錢，總金額是 37 美元 17 美分，其中還包括他自己放上去作為「引錢」的幾張美元和硬幣。幾乎所有路人都想不到的是，這位演奏者是當今世界著名的小提琴大師約夏貝爾（Joshua Bell），雖然他打扮成街頭藝人，但使用的是價值 350 萬美元的小提琴。

　　一位全球最卓越的音樂家，用世上一種最名貴的樂器，來演奏多首世上最優美的樂曲，在人來人往的地鐵站地下道裡，只能得到區區 30 多美元的酬勞。要知道，3 天前，他在波士頓音樂廳剛舉辦過演奏會，價格 100 美元的門票被搶購一空，音樂廳裡座無虛席。據估算，他平時在音樂廳每分鐘的演奏價格為 1,000 美元。按此計算，43 分鐘的演奏價值為 43,000 美元，是在地鐵站地下道演奏酬勞的 1,000 多倍。

　　小提琴大師在地鐵站地下道演奏，只是《華盛頓郵報》做的一次實驗，卻展現了「位置決定價值」的法則。在現實生活中表現位置價值的實例不勝枚舉。例如，同樣結構的一間房子，在偏遠鄉村只值幾十萬元，在繁華鬧市值幾百萬

元，甚至上千萬元。同樣一條好皮帶，在地攤上只賣幾百元，在大商店裡可以賣幾千元。那些知識淵博的學者，在大學裡進行教學研究是社會菁英，要是從事一般體力勞動，價值就小多了。

位置之所以決定價值，是由於不同的位置代表了不同的供需關係。鬧市區的房子，需求旺盛，供給不足，是熱門資產；而鄉村裡的房子，需求少，潛在供應多，是被冷落的不動產。同樣的道理，劇院裡的名家音樂會，給人一種高尚典雅的感受和高品味的體驗，人們自然願意出高價，而且場次數量往往很少，就容易出現一票難求的現象。而在地鐵站地下道的音樂演奏，通常被認為是街頭藝人獻藝求助的行為，行人並沒有欣賞高雅音樂的情趣，也就會帶著施捨的心態只給一點零錢而已。

企業、產品和個人都需要合適的定位，即找到適合發揮自身優勢的位置。如果一家製造企業處於產業鏈的下游，那麼，其經營活動通常具有低成本、勞動密集型、低附加價值這三大特點。像是一些企業就長期專注於產品組裝製造業務。與此相反，如果一家企業處於產業鏈的上游，其經營活動往往具有差異化、技術密集型、高附加價值這三大特點。像蘋果公司這樣的跨國企業就長期聚焦於研發和打造品牌的活動。微笑曲線（見圖 20-1）生動表示了企業產業鏈位置與

價值之間的關係。它最早是由宏碁集團創辦人施振榮於 1992
年提出的，作為宏碁發展策略方向的指南。

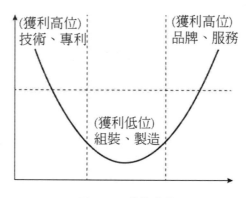

圖 20-1　微笑曲線

　　微笑曲線兩端朝上，像個微笑的嘴型，圖中的橫軸代表
經營活動，縱軸代表附加價值。曲線的兩端分別為技術、專
利和品牌、服務，它們處於產業鏈上游，是附加價值最高的
部分；曲線中間是處於產業鏈下游的組裝、製造，附加價值
最低。企業要獲取較高的利潤率，就需要透過更多的技術研
發和建立品牌，走向產業鏈的上游。

**　　經濟決策原理第二十條：產業鏈上看位置，核心定位要合適！**

效率法則之二十一

虧損最小化

▶▶ 效率法則之二十一　虧損最小化

　　一家公司租用一個廠房，租期 3 年，並且投資 200 萬元購買設備，生產一種標準化產品，生產這種產品的廠商有幾百家，競爭激烈，但由於需求旺盛，價格穩定，該公司在第一年裡獲利 120 萬元。從第 2 年起，產品市場進入飽和期，扣除稅收後的收益從每個產品 8 元下降到 6.5 元。這時，公司的月產量為 10 萬個產品，每月的固定成本如廠房租金、保險費、設備折舊等為 7 萬元，每月的變動成本如薪資、材料、銷售費用等達 62 萬元。如果月產量低於現在的水準，平均變動成本（如每個產品所耗費的材料、電力及勞動等）將上升；如果高於現在的水準，平均變動成本也將趨於上升。

問題（1）假設公司在短期內無法再降低成本，也難以將廠房設備出租或轉讓，它是否應當繼續生產？

問題（2）如果每個產品的收益降到 6 元，它又應當做出什麼決策呢？

　　以下對問題（1）展開分析。

　　目前，公司正在虧損，可以選擇停產或者繼續生產。所以，需要比較這兩種選擇的結果。

　　如果停產，產量為零，虧損等於固定成本，在這裡就是廠房租金、保險費、設備折舊等，共計 7 萬元的虧損。

　　如果繼續生產，虧損取決於總收益（銷售額）和總成本之間的差額。我們知道，總成本包括固定成本和變動成本。在上述情況下，產量為 10 萬個單位時，總收益（銷售額）

為 65 萬元，即 6.5×10 = 65（萬元）。這一銷售額大於變動成本（62 萬元），那麼，還剩 3 萬元銷售額可以用來抵銷部分固定成本，虧損就只有 4 萬元，小於 7 萬元的固定成本。因此，從短期來說，繼續生產比停產的虧損要少，該公司應當繼續生產。

現在來討論問題（2）。

這時候，由於產品單個收益下降到 6 元，公司的總收益（銷售額）只有 60 萬元，即 6×10 = 60（萬元）。這 60 萬元低於 62 萬元的變動成本，新增虧損 2 萬元。如果繼續生產的話，虧損會達到 9 萬元，高於固定成本。但是，如果停產，虧損就只有 7 萬元的固定成本。相比較之下，公司應當停產。

由上述兩個問題的分析可知，短期虧損最小化規則為：

如果總收益（總銷售額）大於變動成本，應當繼續生產或營業。

如果總收益小於變動成本，應當停止生產或營業。

上述虧損最小化法則也可以轉換為平均的概念來表述。當價格小於平均變動成本時，應當停產或停業，從而減少短期虧損，反之亦然。

在現實生活中，虧損最小化法則需要靈活運用。有時候，在虧損的情況下，實行部分停產或停業是更合適的決策。因為一旦經濟形勢好轉，企業可以迅速恢復營運生產。

▶▶ 效率法則之二十一 虧損最小化

> **經濟決策原理第二十一條：短期虧損不慌張，停業法則好判斷。**

效率法則之二十二

委託 —— 代理

▶▶ 效率法則之二十二　委託—代理

　　小劉夫妻是雙薪家庭，有一個活潑可愛的兩歲小女孩，僱用了一個保姆照顧小孩。雖然保姆看起來踏實勤勞，但小劉夫婦總擔心小孩被照顧不周，特地在家裡安裝監視器，以便及時觀察小孩的狀況。這是一個委託 —— 代理關係（principal-agent relationship）的典型實例。小劉夫婦是委託人，保姆作為代理人，代為照看小孩。顧慮到保姆並不一定會盡心盡力照顧好小孩，小劉夫婦採取了特別的監督措施。

　　在委託 —— 代理關係中，委託人和代理人的意圖與利益往往不一致，在難以有效監督和管控代理人行為的情況下，代理人有可能背離委託人的意願，來選擇對自己有利的行動，從而損害委託人的利益。這就是委託 —— 代理關係中存在的道德風險。

　　在企業經營中，老闆和員工之間是一種委託 —— 代理關係，他們之間的利益不一致很容易產生道德風險。具體來說，老闆作為委託人，追求利潤最大化，而總利潤等於總收入減去總成本，所以，老闆力圖在給定的成本水準上，要員工投入最大的努力。另一方面，員工作為代理人，追求最大報酬，而淨報酬等於總收入減去努力成本，所以，如果報酬是固定的話，員工最優的行動就是選擇投入最少的努力。那麼，委託 —— 代理中的道德問題，企業該如何解決呢？

　　主要有兩方面的對策：一方面，就是管理機制的設計，

包括人員聘用制度的優化、監管有效性的加強等；另一方面是激勵機制的設計，選用最合適的報酬模式，如底薪加獎金、計件薪資、利潤分享、員工持股及期權分配等。

委託 —— 代理關係是企業活動的常態，透過層級組織的形式表現出來。對一個老闆或管理者來說，下策，用己之力；中策，用己之智；上策，用人之力；上上策，用人之智。這就需要掌握好用人之道：不僅要將合適的員工放到合適的職位，而且要讓員工有職位提升的希望和動力。用人的一個難題是員工的職位勝任度會隨著職位的上升而發生變化。這裡有必要提到組織管理中的彼得原理（Thc Peter Principle）和帕金森定律（Parkinson's Law）。

加拿大管理學家，《彼得原理》（*The Peter Principle*）作者勞倫斯‧彼得（Laurence J. Peter）研究了組織中不能勝任的數百個失敗實例。他發現，員工由於勝任原有的職位，工作表現好，很可能會被提拔到上一級職位；如果仍然勝任，則被繼續提升，直至到達他難以勝任的職位。由此他推導出「彼得原理」：「在一個等級制度中，每個員工趨向於上升到他所不能勝任的地位。」至於如何快速提升到這個「彼得高地」，無非有兩種方法。一種是自我的「推動」，進行自我訓練和學習改進等。另一種是「拉動」，即依靠裙帶關係和熟人往高位拉，這是普遍採用的方法。

▶▶ 效率法則之二十二　委託—代理

　　帕金森定律由英國歷史學家諾斯古德‧帕金森（Cyril Northcote Parkinson）提出。在《帕金森定律》（*Parkinson's Law*）一書中，他指出，一個難以勝任的官員，大致有三種選擇：第一種是自己主動辭職，把職位讓給稱職的人。第二種是讓一位能力更強的人來協助自己工作。第三種是任用兩個能力低於自己的人來當助手。第一種選擇肯定不行，因為那樣，他會失去許多利益。第二種選擇也不行，因為那個能力強的人會成為自己的對手，並可能取代自己。那就只有第三種選擇最妥當了。於是，聘用兩個平庸的助手來分擔工作，他自己則可以發號施令，也不用擔心被助手替代的威脅。兩個助手既然平庸低能，也就上行下效，再為自己找兩個更加無能的助手，就形成了一個機構膨脹、人浮於事、效率低下的層級體系。

　　這些層級組織中常見的問題，反映了委託 —— 代理關係中存在的道德風險。因此，在企業的委託 —— 代理活動中，必須注意防範和抑制那種如彼得原理和帕金森定律所反映的現象，從而提高企業的效率和活力。

經濟決策原理第二十二條：用人機制巧設計，委託—代理增效益。

效率法則之二十三

效率薪資

▶▶ 效率法則之二十三　效率薪資

　　一家跨國企業，公布廣告徵求一位業務經理，提供的薪酬福利高於行業平均水準的 50％。因此，公司收到了 88 份應徵申請。該公司提供優厚待遇的動機是什麼呢？是由於公司的大方與慷慨嗎？這種薪酬策略的經濟邏輯是什麼呢？

　　顯然，企業付給員工高薪，並不是出於大方和慷慨，而是為了吸引和留住優秀員工，提高生產率，獲得更大經濟效益。試想一下，如果給員工甲 300 萬元年薪，他只能創造 500 萬元年利潤；而給員工乙 500 萬元年薪，他可以創造 1,000 萬元年利潤，那麼，僱用乙員工顯然是更佳選擇。在經濟學裡，這種高薪被稱為效率薪資（efficiency-wage）。根據效率薪資理論，如果一家企業只支付給員工「普通水準」（市場均衡）的薪資，就沒有激勵作用，員工傾向於偷懶，因為被解僱的話，他可以輕易在其他地方獲得相同薪資的工作。如果企業支付高薪資，能產生激勵員工不偷懶的效果。有了這個高薪資，員工不敢懈怠工作。如果由於偷懶而被解僱的話，去其他地方就面臨薪資降低的風險，由於薪資上的這種反差，員工就有動力和壓力去努力的工作。

　　一個效率薪資的經典案例，是 20 世紀初期美國福特汽車公司的高薪資策略。在 1914 年，美國製造業工人每天的平均薪資低於 3 美元，而福特公司卻決定支付給工人每天 5 美元的薪資。這種遠遠高於平均水準的薪資策略，似乎顯示

了公司老闆亨利‧福特的慷慨和大方，但實際上卻證明了他的精明過人。高薪資雖然會增加成本，但它可以吸引更合適的工人，穩定員工，提高勞動效率，從而達到增加利潤的目的。事實上，高薪資為福特公司帶來了滾滾財源。在推行高薪資之前，曠工十分普遍，員工流動率曾一度高達 1,000%；實施高薪資之後，公司僱用到了勞動生產率較高的工人，員工解僱率下降了三分之二，曠工減少了一半，生產率提高了 51%。此外，高薪資還使公司名聲大振，促進了銷售。因此，銷量的上升和生產效率的提高，不僅抵銷了高薪資的成本，而且增加了經濟效益。福特公司的利潤從當年的 3,000 萬美元飆升到 1916 年的 6,000 萬美元。

這一經典案例的啟示是，對企業來說，不僅要精打細算人工成本，更要重視提供與員工所創造的價值相適配的薪酬福利。

經濟決策原理第二十三條：薪資成本雖重要，生產效率價更高。

▶▶ 效率法則之二十三　效率薪資

效率法則之二十四

股權激勵

　　大衛是一家科技企業的資訊技術（IT）員工，薪資不高。當獵頭公司告訴他，潛在的雇主願意提供誘人的薪酬時，他不免心動。但是，他在目前的公司做得不錯，也受老闆的賞識。更重要的是，他參與了公司的股權激勵計畫，有 10 萬股的公司股份。一旦辭職，就要放棄這些股份。這些股份目前來看，還只是紙上畫的大餅，沒什麼價值。不過，公司正在走出困境，迎來蓬勃發展的機遇。權衡再三，他決定留下安心工作。3 年後，公司經營規模大幅擴大，業績暴增，被競爭對手用鉅資收購。大衛很幸運，他的股權兌換了 8,000 多萬元的現金。他感慨道：「堅持終於獲得了回報」。

　　創新創業的時代上演了不少這種 IT「苦力」一夜暴富的喜劇。員工股權激勵，作為一種長期激勵方式，是名副其實的人才「金手銬」，讓員工與企業同舟共濟，分享企業成長價值，有利於企業的穩定發展。對初創企業來說，一方面，採用高股權低薪資的模式，可以大幅度降低初創期的人工成本；另一方面，用股權激勵來籠絡人心，紙上畫大餅是留人的招數。這些畫餅十有八九不會成真，因為 90％以上的新創企業在 3 年內會倒閉。但對成長企業來說，畫餅會變成真餅，股權會變成鉅額財富。因而，股權激勵成為公司治理的必要手段。

　　直接給予員工一定數量的股票是股權激勵的簡單模式，

採用股票期權是股權激勵的高階模式。這裡需要解釋期權的概念。股票期權分為兩種：看漲期權和看跌期權。股票看漲期權是指按固定價格（行權價）在一定時間內買入股票的權利，例如，一家科技公司的股票價格為 10 元，假設公司股票看漲期權的行權價為 12 元，有效期 2 年。雖然這個看漲期權現在來看並沒有任何價值，因為股票行權價 12 元高於股票的市場價 10 元，但它有時間價值。如果兩年期滿的時候，該股票價格漲到了 20 元，那麼，每個股票看漲期權就值 8 元，因為你有權以 12 元的行權價買進股票，然後以 20 元的市場價賣出股票。假如你是這家科技公司的核心員工，該公司免費給了你 20 萬個股票看漲期權，你到時候就可以兌現 160 萬元的獎勵收入了。當然，股票期權有風險。如果兩年期滿的時候，公司股票價格下跌了或還低於 12 元，那麼，你持有的看漲期權就一文不值了。不過，期權是一種在特定時間內有效的權利，持有者可以放棄不用，讓它過期作廢。

股票看跌期權是指按固定價格在某個時期賣出股票的權利。假如某股票的現價為 10 元，一股某股票看跌期權的行權價為 9 元，有效期 1 年，也就是說，看跌期權的持有人可以在 1 年內以 9 元的行權價賣出一股某股票的權利。該期權目前沒有行權價值，因為 9 元的行權價低於股票的 10 元現價。但它具有時間價值。如果一年期滿的時候，股票價格下跌到

7元，那麼，該看跌期權就值2元了，因為期權持有人可在市場上以7元買入某股票，然後以9元行權，可獲得2元利潤。由此可知，股票價格下跌越多，看跌期權持有人就獲利越大。所以，看跌期權並不是股權激勵的工具。

　　股權激勵計畫既可以為員工帶來實實在在的利益，也成為企業穩定和持續發展的一個保障。股權激勵計畫的實施，是眾多知名企業獲得成功的一個重要因素。從理論上講，股權激勵是解決企業委託 —— 代理問題的有效對策。由於擁有了公司的股權，員工與老闆的利益就捆綁在了一起，成為利益共享、風險共擔的夥伴，員工有了主角的心態，不再是純粹的受薪工作者，受老闆委託來代理公司業務，而是出於共同的股權利益去為公司拚搏，從而願意接受高股權低薪資的待遇。正因為如此，越來越多的企業採用了員工股權激勵模式。

經濟決策原理第二十四條：股權激勵會成真，風險利益多權衡。

效率法則之二十五

商業賽局

甲和乙是兩個罪犯，合夥入室盜竊後，留下了蛛絲馬跡。幾天後，他們被警察視為嫌疑犯，分別帶到不同的審訊室盤問。他們被告知，「根據坦白從寬，抗拒從嚴的政策，如果你坦白，你的同夥不坦白，你將坐1年牢，他坐10年牢；反過來也一樣，如果你的同夥坦白，你不坦白，他將坐1年牢，而你要坐10年牢」。此外，他們知道，還有另外兩種結果：一是他們兩人都坦白，由於罪行嚴重，他們都會坐5年牢；另一種結果是，如果他們都不坦白，由於沒有可靠的證據，警察會以較輕的罪名指控他們，他們都要坐2年牢。他們是否應當坦白呢？為什麼呢？

這就是經濟學裡經典的「囚徒困境」（prisoner's dilemma），可用下列的矩陣來表示（見表25-1）。

表25-1　囚徒困境賽局矩陣

		囚犯乙	
		坦白	不坦白
囚犯甲	坦白	5年：5年	1年：10年
	不坦白	10年：1年	2年：2年

從共同利益最大化的角度來說，甲和乙都不應當坦白。在他們都不坦白的情況下，他們都只坐2年牢。這可能需要他們事先串通，保證守口如瓶、絕不「背叛」。更重要的是，只有他們相互信任，才能堅守祕密。但是，對方值得信賴嗎？

人是理性和自私的。從個人利益最大化的角度來說，囚犯的上策是什麼呢？甲和乙都不知道對方是否會坦白，雙方都要考慮對方坦白與不坦白這兩種情況。一種情況是，假如乙坦白的話，甲該如何選擇呢？甲會想，如果我也選擇坦白，我將坐 5 年牢；如果我不坦白的話，我要坐 10 年牢。相比較而言，坦白顯然對自己更有利。另外一種情況是假設乙不坦白，甲該怎麼辦呢？甲會想，如果我坦白，我只坐 1 年牢；如果我不坦白，我要坐 2 年牢；坐 2 年牢不如坐 1 年牢，坦白仍然是更好的選擇。所以，無論對方坦白與否，囚犯甲的最佳選擇是坦白。同樣的推理，囚犯乙的最佳選擇也是坦白。這就是賽局中的上策：無論對手選擇什麼策略，該賽局者的策略總是最好的。結果，雙方都會坦白。

基於這種賽局情況，一個狡猾的罪犯在被抓之前，會這樣對同夥說：「我們是同甘共苦的兄弟，是同生共死的戰友，如果我們不幸被警察抓去審問，打死都不要坦白！」但是，當他一進入警察局的門，馬上就坦白。這樣，如果同夥輕信他的話，他自己只坐 1 年牢，而讓同夥去坐 10 年牢。

具有諷刺意義的是，如果同夥也這樣想，坦白對自己有利，也會背叛而坦白。在兩個人都坦白的情況下，兩個人都要坐 5 年牢。這種結果被稱為「納許均衡」（Nash equilibrium），這是一種非合作均衡。每一方考慮策略時只選擇對自身最有利的策略，而不關心對手的利益。

在現實商戰中也有類似的囚徒困境賽局。多年前，寶鹼公司（P&G）和競爭對手花王公司（Kao）及聯合利華公司（Unilever）同時計劃進入日本的殺蟲膠帶市場，它們的生產技術和成本相近，都面臨如何以合適的定價進入市場問題。根據估算，如果寶鹼和競爭對手都定價 1.4 美元一條殺蟲膠帶，它們三家企業每月都分別獲利 12,000 美元；如果它們都定價 1.5 美元，三家企業每月分別可獲利 2 萬美元。但是，如果寶鹼定 1.4 美元的低價而競爭對手定 1.5 美元的高價，由於低價吸引消費者，寶鹼每月將獲利 3 萬美元，而花王和聯合利華每月分別只能獲利 1 萬美元；反過來，如果寶鹼定高價、競爭對手定低價，寶鹼每月只獲利 5,000 美元，而競爭對手分別可獲利 28,000 美元。這三家企業定價與獲利情況可用下列盈利矩陣來表示（見表 25-2）。

表 25-2　定價賽局的盈利矩陣

單位：美元

		花王與聯合利華	
		1.4	1.5
寶鹼	1.4	12,000	30,000，10,000
	1.5	5,000，28,000	20,000

在這種情景下，三家企業該如何定價以獲得更多利潤呢？顯然，三家企業透過勾結定高價並限制產量，都可以獲得不錯的利潤，不失為一個好策略。但是，正如困境中的

囚徒一樣，它們之中任何一家都不能指望競爭對手會保持高價，因為每一家都有「背叛」動機，透過降價來損人利己，即，以競爭對手的損失為代價來搶奪更大的市場占比，獲取更多的利潤。而這種敵對性的降價競爭，又會使它們都陷入低價低利潤的泥潭，難以自拔。

不過，困境中囚徒的選擇是一次性的，即囚徒只有一次選擇坦白或不坦白的機會。與此不同的是，絕大多數企業的定價決策卻是不斷重複的，它們所進行的是一種重複賽局。在重複賽局的過程中，企業常常會採取以牙還牙的策略：我先定高價，只要對手「合作」，我將繼續保持高價；一旦對手「不合作」，降低價格，我也立刻降價；只要對手願意合作並提高價格，我也立即配合提高價格。由於以牙還牙的報復行為，降價競爭獲得的短期利益，可能難以彌補敵對性低價競爭所造成的長期損失，當賽局中的企業確信這一點時，就會出現合作或合謀維持高價的結果。

經濟決策原理第二十五條：囚徒兩難是困境，協調合作可雙贏。

►► 效率法則之二十五　商業賽局

效率法則之二十六

完整價值鏈

▶▶ 效率法則之二十六　完整價值鏈

　　英特爾是當今全球最著名的個人電腦核心零件企業，但它的發展並非一帆風順，也經歷過失敗的考驗。最大的一次挫折是它在記憶體（DRAMs）市場上的潰敗。1974 年，英特爾占據了記憶體市場 83% 的比例，但到了 1984 年，它的市場占比下降到了 1%，幾乎丟失了全部的記憶體市場。取而代之的是日本企業在記憶體市場上的崛起和主導地位的建立。導致這種結果的外部原因很明顯，日本企業加速開發記憶體產品，大力進行製造設施投資和工藝研發，形成強大的設備生產和工藝技術能力，從而奪取了記憶體市場占比。但內部原因可能更為重要，從英特爾公司本身來看，是它的核心技術不先進？並不是。英特爾的研發能力超強，當時陸續開發市場領先的記憶體產品，這也是英特爾最初在記憶體上成為霸主的重要因素。那麼，英特爾後來為什麼會被競爭對手擊敗呢？

　　記憶體產品在市場上的成功，不僅需要品質優良的產品，還需要規模經濟所形成的低價競爭力。英特爾過於注重記憶體產品的研發，而忽視了工藝過程開發和投入，在製造規模上遜人一籌，產品單位成本輸給了競爭對手。

　　從某種意義上來說，英特爾的記憶體市場之 A 敗可用伊卡洛斯悖論（Icarus Paradox）來解釋。在古希臘神話裡，伊卡洛斯這個傳說中的人物，被關在一個四面環海的小島監獄裡。為了救他，他的父親幫他製作了一對翅膀。他用

蜂蠟將翅膀黏在肩膀上，飛離了小島。他享受在天空翱翔的自由，飛得越來越高，最終，由於飛得離太陽太近，熱能熔化了蜂蠟，翅膀掉了下來，伊卡洛斯也墜落到愛琴海裡淹死了。由此神話產生了伊卡洛斯悖論：使其獲得成功的強項，也可以使其遭受失敗。

從經濟管理理論來看，英特爾的記憶體市場之敗，源於其價值鏈出現問題。

這裡介紹一下價值鏈（value chain）理論。該理論由著名管理學家麥可·波特於1985年在《競爭優勢》（Competitive Advantage）一書中提出，企業的一系列價值創造活動可以用一個鏈式結構來描述。價值鏈是公司將投入轉變為產出從而創造產品價值的過程，這個過程包括一系列的基礎活動和輔助活動（見圖26-1）。基礎活動包括研發、生產、行銷和服務，輔助活動則包括原料管理（物流）、人力資源管理、資訊系統及公司的基礎架構，如組織結構、控制系統和企業文化。基礎活動和輔助活動結合在一起，為顧客提供商品和服務的價值。當分開考慮企業的各項活動時，每項活動的成本和它們所能夠創造的附加價值都可以進行估算，而核心活動以及各項活動的成本和價值驅動因素，也能夠被識別出來。更為重要的是，企業內部各業務單元之間的緊密聯結，直接關係到價值鏈的完整性，對企業的價值創造形成顯著影響。

▶▶ 效率法則之二十六　完整價值鏈

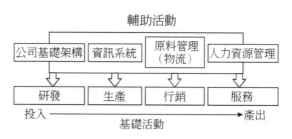

圖 26-1　價值鏈分析

　　從價值鏈分析來說，英特爾公司在記憶體市場失利是由於其記憶體業務價值鏈活動不順暢，具體來說，記憶體產品研發活動與製造活動之間的聯結出現破裂（如圖 26-2 所示），製造工藝和規模沒有跟上研發產品的步驟，導致產品成本高於競爭對手，從而失去了客戶。

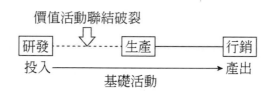

圖 26-2　英特爾記憶體產品價值鏈分析

　　與此相反，英特爾後來在微處理器市場獲得了持續性的成功，原因在於其具有完整而順暢的價值鏈，業務活動的聯結相當有效，如圖 26-3 所示。令人印象深刻的是，在眾多個人電腦的外殼上都貼上了「Intel Inside」的標籤，這顯示了英特爾公司價值鏈的一體化。

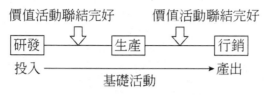

圖 26-3　英特爾微處理器業務價值鏈分析

經濟決策原理第二十六條：價值活動一盤棋，環環相扣須緊密。

▶▶ 效率法則之二十六　完整價值鏈

效率法則之二十七

馬太效應

▶▶ 效率法則之二十七　馬太效應

　　《新約·馬太福音》裡有這樣一則寓言。從前，一位主人要出門遠行。臨行前，主人將家業交給三個僕人打理，並根據他們各自的能力，分別給了他們 5,000 個銀幣、2,000 個銀幣和 1,000 個銀幣。過了很長時間，主人回來時，第一個僕人和第二個僕人來報告說：「主人，請看，我用你給的銀幣作為本錢，又賺了一倍回來。」主人很高興，將銀幣都獎賞給了他們，並說，「很好，你們是忠實能幹的僕人。你們做事很可靠，我將讓你們管理許多事務。進來和我一起享樂吧。」之後，第三個僕人來報告說：「主人，我知道你是嚴苛的人，沒播種的地方要收割，沒栽樹的地方要採果。所以，我很害怕，就將你的 1,000 個銀幣埋藏在地裡。請看，你的銀子都在這裡。」對此，主人訓斥道：「你這可惡、懶惰的僕人！你既然知道，我沒播種的地方要收割，我沒栽樹的地方要採果。要是把我的銀幣放給兌換銀幣的人，到我回來的時候，也可以收回本金再加上利息。」於是，奪過他的 1,000 個銀幣，給了已有 10,000 個銀幣的第一個僕人，並且說，「凡是有的，還要多給他，讓他多多益善。凡是少的，連他所有的，也要奪走」。馬太效應（Matthew effect）由此引申而來。

　　馬太效應反映了社會上存在的一種普遍現象，無論是人們的收入分配，還是教育資源的地區分布，都呈現出強者趨

強、弱者趨弱的兩極分化態勢，即贏家通吃。或許正如老子在《道德經》裡所說，人之道，「損不足以奉有餘」。

對企業發展而言，馬太效應告訴我們，市場是殘酷的，要在激烈的市場競爭中做大做強，企業必須培育自己的核心能力，建立企業競爭優勢，從而獲取更多的市場占比和獲得更大的收益和報酬。什麼是核心能力呢？它是對多種技術和資源進行合併的整合利用能力，具體表現為出色的研發能力、行銷能力、管理能力等的整合。

核心能力具有四個特點：首先，它具有價值性，擁有核心能力的企業能夠提供滿足顧客需求的產品，為企業帶來效益。其次，它具有獨特性，由企業獨自擁有，是企業持續競爭優勢的泉源。再次，它具有難以模仿性，競爭對手難以模仿和複製。最後，它具有持久性，它是企業長期累積的經驗、教訓、知識、理念的結晶，經得起時間的考驗。企業有了核心能力，就能在行業的一個領域獨樹一幟，市場銷售將產生滾雪球似的馬太效應，在商戰中處於不敗之地。

經濟決策原理第二十七條：核心能力須培育，強者趨強顯威力。

▶▶ 效率法則之二十七　馬太效應

效率法則之二十八

先行者優勢

　　沃爾瑪公司（Wal-Mart Stores, Inc.）由美國企業家山姆·沃爾頓（Sam Walton）於 1962 年創建，最初只是一家開設在美國南部鄉鎮的折扣零售企業。如今，沃爾瑪公司擁有分布於全球 15 個國家的 8,500 家門市。從銷售額來說，它不僅是世界零售之王，也是全球企業之王。2021 年，它的銷售額達到 5,591.51 億美元，超過地球上任何一家企業。如果將世界各國的國內生產總值與之相比較，沃爾瑪名列 24 位，確實是富可敵國。

　　1960 年代，零售行業有一個公認的「常理」：由於專注於大批量薄利多銷，大型折扣店只能在 10 萬人以上人口的城市經營才能成功。沃爾頓卻不受「常理」的束縛，敢為天下先，在美國西南地區的小鎮開設大型折扣店。這種打破常規的經營方式使它發展迅速，因為許多這樣的小鎮只能支撐一家大型折扣店，所以，沃爾頓的折扣店不像大城鎮的折扣店那樣，必須與其他的折扣店進行激烈競爭，沃爾頓只須對付百貨商店和小商店，而不用擔心會出現同樣強大的對手與之爭奪顧客。結果，沃爾頓的折扣店在競爭中常常成為那些小城鎮市場的「地方壟斷者」。

　　美國的小鎮眾多，誰的大型折扣店先進入，誰就可以靠大批量薄利多銷來享有地方壟斷。在經濟學裡，這種狀況可以用賽局理論（game theory）進行分析。賽局的情況可用表 28-1 的盈利矩陣來表示。

表 28-1　大型折扣店進入小鎮的賽局矩陣

單位：美元

		競爭對手T	
		進入	未進入
沃爾瑪	進入	T虧100萬； 沃爾瑪虧100萬	T得0； 沃爾瑪賺300萬
	不進入	T賺300萬； 沃爾瑪得0	T得0； 沃爾瑪得0

　　從上面的矩陣可以看出，如果沃爾瑪和競爭對手 T 一起在小鎮開折扣店，結果兩敗俱傷，兩家都將虧損 100 萬美元；如果沃爾瑪先進入一個小鎮，競爭對手 T 沒有，那麼，沃爾瑪每年可以賺 300 萬美元；反之亦然。因此，採用先發制人的策略，形成規模經營的優勢，是沃爾瑪獲得輝煌成功的關鍵因素。

　　先行者優勢（first-mover advantages）產生於奪取市場利益劃分的主動權。毫無疑問，先行者具有可貴的創新精神，勇於創新使他們占有先機，贏得競爭優勢，開拓發展空間。雖然創新者最初的優勢可能不一定很明顯，但隨著時間的累積，優勢會變得越來越大。正像池塘裡的金魚那樣，幼小的金魚體積幾乎相同，但那些開始稍微大一點的金魚，後來會比其他金魚大很多，因為牠們最初擁有強一點的推進力和大一點的嘴，使牠們能奪取和吞噬較多的食物，從而能夠快一些成長。

▶▶ 效率法則之二十八　先行者優勢

　　商界裡有一個著名的達維多（Davidow）定律：一個企業要在市場上占據主導地位，就要走在別人前面，第一個開發出新產品，又第一個淘汰自己的老產品。因為人們在市場競爭中無時無刻不力圖搶占先機，只有先人一步進入市場，才能更容易獲取較大的占比和較高的利潤。這一定律由英特爾公司副總裁達維多（William H. Davidow）提出，這是對商業活動中先行者優勢重要性的生動詮釋。

經濟決策原理第二十八條：勇於創新搶先機，先占優勢創業績。

效率法則之二十九

競爭均衡

假如一些農民養殖蝸牛發了財的消息傳開，許多人見有利可圖，紛紛跟風進行養殖。養殖蝸牛的技術簡單，你甚至可以在你的房間裡建一個蝸牛柵欄進行養殖，政府也不限制養殖蝸牛。而且，不同養殖戶的蝸牛幾乎沒有什麼差別，還有不少外貿公司採購人員從你的地區購買蝸牛，然後出口到法國。

問題（1）你相信你絕對不比那些發財的農民笨，那麼，你是否應當養殖蝸牛來賺快錢呢？這是一個怎樣的市場或市場結構？

問題（2）長期來說，你可以透過養殖蝸牛獲取超額利潤嗎？競爭均衡法則是什麼呢？

先解析問題（1）。

一般而言，如果你的機會成本（見「效率法則之七」）比農民高，你就不應湧入這個行業。一般而言，你不應當跟風養殖蝸牛。無論是什麼生意，當大家都覺得有利可圖、蜂擁而上時，風險就來臨了，除非你擁有規模經濟（見「效率法則之十六」）或範圍經濟（見「效率法則之十八」）等方面的特殊優勢，進入該行業才有成功盈利的較大可能性。為什麼呢？在你無任何特殊優勢的情況下，你想透過養殖蝸牛，撈點快錢，難道不是易如反掌嗎？殊不知，你有這種「快進快出」的想法，許多人也會有這種打算。結果，大家一窩蜂的養殖蝸牛，會導致蝸牛供應爆發性的增加，在需

求不變或變化不大時，蝸牛市場很快會出現供大於求，價格會迅速下降，你養殖的蝸牛就會難於出售，或者只好低價脫手，而你也只能虧損出場。風險這麼大的原因在於這種市場的基本結構：購買者和生產者的規模小、數量多、產品是同質化的、市場參與者可以自由進出、市場沒有進入的壁壘。這是一個競爭充分的市場。用經濟學術語來說，這是個接近「完全競爭的市場」（perfectly competitive market）。所以，跟隨進入競爭充分的市場，是一個相當冒進的行為。

現在解析問題（2）。

長期來說，在一個充分競爭市場裡的生產者，是不能獲得長期超額利潤的。一個競爭充分的市場，如果存在超額利潤，會對潛在的生產者產生強大的吸引力，像蜜蜂被鮮花所吸引，像熊被蜜糖所吸引，像猴子被香蕉所吸引，像針被磁鐵所吸引。新的生產者會湧入這個行業，市場供給將大量增加，導致供過於求、價格下降，生產者的超額利潤就會消失。反過來，如果市場中許多生產者出現虧損，部分生產者就會選擇停業或退出市場，這時候，供給會減少，從而使供過於求的狀態得到改變，價格回升，部分生產者得以轉虧為盈。顯然，在一個充分競爭的市場中，長期的供需趨於平衡，生產者不能獲得長期的超額利潤，只能獲得正常利潤，這種利潤僅僅可以涵蓋生產者資源的機會成本。這就是競爭

均衡法則（competitive equilibrium）。事實上，像針織、紡織等行業，廠家的利潤率很低，恰恰反映了充分競爭的結果和競爭均衡的狀態。

　　競爭均衡法則提示了我們，要獲得超額利潤，應當進入競爭不充分的市場，也就是不完全競爭的市場。在這種市場裡，由於存在專利技術、政府法規等市場進入的壁壘，潛在競爭者難於進入。那麼，市場就具有壟斷性，現有廠家就可能獲取長期的超額利潤。

> **經濟決策原理第二十九條：競爭均衡是規律，市場選擇須謹記。**

效率法則之三十

看不見的手

▶▶ 效率法則之三十　看不見的手

　　在 1970 年代初期，世界能源危機爆發，原油價格從每桶 3 美元暴漲至每桶十幾美元，美國汽油價格也隨之飆升，引發了美國民眾的怨聲載道。對一個標榜「民有、民治、民享」的美國政府來說，顯然不能漠視不管。當時，一位著名美國參議員提出，「必須採用最高限價來壓低汽油價格，這樣，更多的美國人就能在可支付的價格上買到汽油」。這一觀點獲得了總統和許多國會議員的贊同。因此，美國政府對石油實施了最高限價，以抑制汽油價格的上升。這種限價真的可以使更多美國人買到汽油嗎？

　　市場有其自身運行的規律。政府對市場的干預，是一種「有形之手」。政府實施的限價扭曲了市場價格。事實上，最高限價使更少的美國人能夠買到汽油。最高限價致使汽油供應量減少，因為供應商盈利下降，不願或難於供應大量的廉價汽油；而汽油售價的強制壓低，又使需求量增加，造成了嚴重的供不應求狀況。如此一來，實際能夠在限價下買到汽油的美國人反而大幅度減少了。一位大學教授回憶當年的情形說：「每個加油站都排滿了準備加油的車輛，我的一些同事還僱用大學生來排隊幫他們的車子加油。」結果，限價不但帶來排隊久、加油難的棘手問題，並且導致汽油品質降低，加油服務縮減，輔助產品價格上升等亂象。

　　雖然價格管制暫時抑制了油價，但汽油短缺變得十分嚴

重，一段時間之後，石油價格管制不得不解除，而汽油價格隨之出現了報復性飆漲，才使供需趨於平衡。

　　面對外部事件的衝擊，自由市場具有自我調整、自我調節、自我修正的功能，自動走向供需平衡。市場趨於均衡的推動力來自「看不見的手」（invisible hand）的強大作用。什麼是「看不見的手」或「無形之手」呢？

　　西方經濟學之父亞當・史密斯在《國富論》（*The Wealth of Nations*, 西元 1776 年）一書中指出：「每個人都在力圖應用他的資本，來使其生產品能得到最大的價值。一般來說，他並不企圖增進公共福利，也不知道他所增進的公共福利為多少。他所追求的僅僅是他個人的安樂，僅僅是他個人的利益。在這樣做時，有一隻看不見的手引導他去促進一種目標，而這種目標絕不是他所追求的東西。由於追逐他自己的利益，他經常促進了社會利益，其效果要比他真正想促進社會利益時，所得到的效果更大。」

　　看不見的手是一個偉大的科學概念，像牛頓的萬有引力定律、愛因斯坦的相對論，永久的改變了人類對於世界的認知。簡單的說，「看不見的手」是促使自私自利的人們為社會高效工作的市場機制。市場的「看不見的手」創造無數商業奇蹟。比如，在一個城市裡，市民並不耕種糧食，但各種稻米和糧食會從四面八方運送到那裡。這就是由於市場

的「看不見的手」在引導著人們這樣做。在一個市場經濟中，一個人要生活得更好，就必須為他人提供產品和服務。「看不見的手」在客觀上是一個「人人為我，我為人人」的法則。事實上，「我們每天所需要的食物和飲料，不是出自屠夫、釀酒師或麵包師的恩惠，而是出於他們自利的打算」（亞當·史密斯）。

在一個公平競爭的市場裡，「看不見的手」可以有效的調節供需矛盾。當供不應求時，商品短缺致使價格上升。價格升高之後，需求方的購買意願會下降，需求量隨之減少。與此同時，供應方受利潤驅使，會增加生產，供應量將增加。這樣一來，供需就會趨於平衡。反過來，當供過於求時，商品過剩和庫存過多將導致市場價格下降。價格降低後，需求方有更多的購買意願，需求量因此增加。同時，供應方會壓縮生產，供應量則隨之減少。供求雙方的這種行為變化，將使商品過剩情況得到修正。

在健康的市場環境下，「效率就是生命」！誰的效率高，誰就是勝者。優勝劣汰是常態。市場趨於供需平衡。正如一位著名經濟學家所說，「市場是人類創造的，可是人類卻創造不出比市場更精巧、更有效、能夠替代市場來合理配置資源的辦法和工具」。

　　競爭的市場不需要政府的價格管控，但需要國家法規的保護。「看不見的手」不是萬能的，市場在一些情況下會出現「失靈」，比如，市場壟斷會導致商品供給量過低。再如，一些企業在生產時肆意排放汙染，對環境造成危害。這樣做的結果是，商品的實際產量高於社會所要求的最佳數量。正因為這些市場「失靈」，所以，政府有必要強而有力的實施反壟斷法和環境保護法，來維護市場公平競爭、支持創新和促進經濟效率。總而言之，政府的重要作用在於健全和維護市場的法規，讓「看不見的手」發揮奇妙的魔力，使市場充滿活力。

經濟決策原理第三十條：市場機制有活力，公平競爭促效率！

電子書購買

國家圖書館出版品預行編目資料

效率經濟學，讓你不窮忙：理性選擇 × 效率薪資 × 商業賽局，勇於創新搶先機，先占優勢創業績 / 胡松華著 . -- 第一版 . -- 臺北市：崧燁文化事業有限公司 , 2022.07
　　面；　公分
POD 版
ISBN 978-626-332-459-6(平裝)
1.CST: 經濟學 2.CST: 經濟效率
550　　　111009080

效率經濟學，讓你不窮忙：理性選擇 × 效率薪資 × 商業賽局，勇於創新搶先機，先占優勢創業績

臉書

作　　　著：胡松華
發 行 人：黃振庭
出 版 者：崧燁文化事業有限公司
發 行 者：崧燁文化事業有限公司
E - m a i l：sonbookservice@gmail.com
粉 絲 頁：https://www.facebook.com/sonbookss/
網　　　址：https://sonbook.net/
地　　　址：台北市中正區重慶南路一段六十一號八樓 815 室
Rm. 815, 8F., No.61, Sec. 1, Chongqing S. Rd., Zhongzheng Dist., Taipei City 100, Taiwan
電　　　話：(02) 2370-3310　　　傳　　　真：(02) 2388-1990
印　　　刷：京峯彩色印刷有限公司（京峰數位）
律師顧問：廣華律師事務所 張珮琦律師

定　　　價：250 元
發行日期：2022 年 06 月第一版
◎本書以 POD 印製